事件でなければ動けません

困った警察官のトリセツ

古野まほろ

GS 幻冬舎新書 632

事件でなければ動けません／目次

DTP 美創

第1章

「事件でなければ動けません」？

警察をめぐる神話と現実

私は元警察官／元警察官僚です。20年弱、警察庁や都道府県警察に奉職《ほうしょく》してきました。そして今現在は、警察と全く無縁の、何の便宜《べんぎ》供与《きょうよ》も受けていない一市民です。

したがって、警察官としての常識もあれば、一市民としての常識もあるつもりです。

しかし、その両者を比較するとき、かなりのギャップを感じることが少なくありません。典型的な例を挙げれば、

逮捕されれば無理矢理自白を強要される
取調べでは泣き落としのためカツ丼が出る
予算を確保するために交通切符を切っている
組織的に上級幹部のための裏金を作っている
具体的な事件が発生しないと動かない

等々といったところは、令和3年の大多数の警察官からすれば、あり得ないという意味での〈神話〉ですが、しかし少なからぬ市民からすれば、絶対不変という意味での〈神話〉ではないかと思います。

ここで、警察の中にいた私としては、それぞれ『現在の犯罪捜査は、自白を無視しても事件

が立証できるようにするのが王道だし、無理矢理獲得した自白はティッシュ1枚ほどの価値もありませんよ』『被疑者には白湯《さゆ》だの水だのしか出ない御時世《ごじせい》、カツ丼なんてあり得ないし、そもそも食事場所は留置施設ですよ』『反則金は道路や信号や標識の整備のためお国が配るもので、切符を切る警察官やその警察署は1円も儲《もう》かりませんよ』『今時、ロンダリングや流用ができるほど捜査費の原資・規模は大きくありませんし、若い警察官にニセ領収書を作らせたらSNSに上げられて炎上しますよ』等々と説明しつつ、それら〈神話〉を否定することができます。それらは、法令上も制度上も実務上も、あり得ないという意味での〈神話〉です。

しかしながら……

一般論として、銀行員はお客の預金を横領する存在ではありませんし、一般論として、郵便局員はお客の年賀状を投棄する存在ではない。しかし現実論として、そうしたことは一定件数、一定頻度《ひんど》で発生します。要は、命題としては『間違っている』『あり得ない』ことも、反証というか、実例を生んでしまうことがあります。

それは、右に挙げた警察の〈神話〉についても同様です。

例えば、極めて残念ながら、そして令和3年の（警察官の）常識からすれば信じ難《がた》いことながら、違法な取調べで——極論殴《なぐ》る蹴《け》るで——自白を獲得しようとする警察官も出現してしまいます。また、カツ丼・切符・裏金については今の制度上論外ながら、捜査費の私的流用というなら未だ、複数の都道府県警察で発生し立件されています。

ここで、私は元警察官ゆえ、それらは飽くまで〈腐ったミカン〉の〈昭和ＯＳ〉による例外的なバグであり、どの組織でも一定件数、一定頻度で発生してしまうもの——と主張したくなります。ゆえに、右に挙げた〈神話〉はやはり『あり得ない』という意味での〈神話〉なのだと主張したくなります。そして、その考え方が間違っているとも思いません。例えば、現金で納付された消費税をくすねた税務署員がいたとして、『税務署員は消費税をくすねるものだ』という命題は、誤りあるいは誇張でしょう。

とはいえ……

警察の側が、はたまた元警察官が、そんなことはあり得ない、〈神話〉だ、誤解で誇張だ——とどれだけ主張しようが、その主張はあまり生産的ではありません。というのも、ここで問題なのは、それら〈神話〉が是《ぜ》か非《ひ》かあるいは真《しん》か偽《ぎ》かなのではなく、何故市民がそのような〈神話〉を固く信じて疑わないか、なのですから。言い換えれば、何故市民がそのような〈警察不信〉を積年にわたって抱き続けているか、なのですから。

最大の〈警察不信〉——事件でなければ動けません

そして、そのような意味での〈警察不信〉のうち、永遠のチャンピオンはやはり、

警察は事件にならないと動いてくれない

という、極めて歴史的かつ確固たる〈神話〉だと考えます。これももちろん、警察からすれば『絶対不変で間違いない』という意味の『あり得ない』という意味の神話で、市民からすれば『絶対不変で間違いない』という意味の神話です（私個人の考え方はすぐ後述します）。

……カツ丼云々《うんぬん》という、いささか冗談交じりの雑学めいた神話に比べて、なんと絶望的な警察不信で、なんと絶望的なコミュニケーション・ギャップでしょうか。税金で警察を運用しているオーナーの側が、「警察は仕事をサボっている」「警察は自分たちを守ってくれない」と、長く、固く信じて疑わないのですから。

そこで本書においては、この

警察は事件にならないと動いてくれない

という市民最大の〈警察不信〉について、

①その歴史的経緯や現状を検討しつつ
②もし可能であるのなら誤解を解き
③市民と警察のコミュニケーション・ギャップを埋め
④両者の円滑な橋渡しをする

ことを試みます。それが本書の目的です。

本書がこのような目的を設定したのは、

Ⅰ　事件事故の被害に苦しむ市民と警察は、そもそも本質的な『同盟者』なのに

Ⅱ　そこに極めて歴史的かつ確固たる〈警察不信〉があるのは、制度・実務として健全でないばかりか

Ⅲ　迅速《じんそく》に救済されるべき被害者とその権利を蔑《ないがし》ろにするという意味で、警察の責務を放棄することだ

と考えるからです。

またここで、先の④『両者の円滑な橋渡しを試みる』というのは、端的《たんてき》には、市民が警察を頼り、警察を動かそうとするとき、どのようにすれば円滑にゆくかを示すということ。もっと端的《たんてき》には、実務と実例を踏まえた〈警察のトリセツ〉〈警察官のトリセツ〉、時に〈どうしようもない警察／警察官のトリセツ〉を示す、ということでもあります。

そしてそのような検討をする以上、そもそもの前提として、私個人がこの市民最大の〈警察不信〉についてどのような考え方を持っているか、示す必要があるでしょう。

ゆえにそれを、先に挙げた5つの例を思い起こしつつ、申し上げれば……

先に挙げた5つの〈神話〉のうち、『具体的な事件が発生しないと動かない』以外は、自信を持って否定できます。すなわち、「そんなことはありません」「仮にあったとして、腐ったミ

カンによるバグであって一般化は間違いです」と断言できます。ですが、しかし……

市民……「事件にならないと動いてくれない」

警察……「事件にならないと動けません」

というこの〈神話〉にあっては、①市民がそれを固く信じて疑わないことに充分な理由があるし、②いや既に真であると言わざるを得ないし、③よって『あり得ない』という意味の神話というより『絶対不変で間違いない』という意味の神話に近い――と言わざるを得ません。

その理由も後程《のちほど》縷々《るる》述べますが――まず何よりも、警察官を退官した私自身が、複数回にわたり、そのような事態を経験しているからです。言い換えれば、私は市民として訪れた警察署／市民として接触した警察官に、サボタージュ等をされた経験を何度も持ちます。無論、憤《ふん》慨《がい》しました。強硬に抗議もしました。そうした憤慨や抗議の中で、純然たる市民として（ちなみに私は退官後、接触する警察官には経歴を秘することにしています）、「まだそんな昭和ＯＳなのか……」「まだそんなサボりをするのか……」「素人相手なら平気で嘘を吐くのか……」「ましてや脅すのか……」等と、何度愕然《がくぜん》としたか分かりません。私のそうした個人的な経験からすれば、『事件にならないと動いてくれない』という市民最大の〈警察不信〉は、至極《しごく》もっともなものです。

ゆえに本書では、そうした唖然《あぜん》とする個人的経験も御紹介し検討しつつ、では市民は具体的にどうすればよいのかを、解決指向で考えてゆきます。重ねて、市民と警察は本質的な同盟者であり、同じ目的を達成すべき協働者《きょうどうしゃ》だからです。批判は必要ですが、それは解決や目的達成に資するものであるべきです。最終的に必要なのは修理であって、講釈《こうしゃく》ではありません。

ゆえに蛇足《だそく》ですが、本書は暴露本でも告発本でもなければ、特定のイデオロギーに立脚した、為《タメ》にするプロパガンダでもありません。私は人生のうち20年弱を捧げた警察を愛していますし、本書が警察の問題点を指摘するのは、市民・警察双方の利益のため。まさかその不和のためではありません。世の中には、極めて利己的な党派的信条から、敢えて市民と警察の仲違《なかたが》いを仕掛ける方々もおられますが、私はそのような悪謀《あくぼう》には与《くみ》しない旨《むね》、第一線で今この瞬間も汗に塗《まみ》れている、敬意を表すべき警察職員のため付言《ふげん》します。

それでは――

「事件でなければ動けません」＝「何故警察は動いてくれないのか？」を検討し、警察のトリセツを考えるその前提として、まずは警察の現状・警察の実情を見てみましょう。

先に、身近さ／解りやすさから、①私の個人的な経験を御紹介し、次に、それが一般的／普遍的なものであるかどうかを知るため、②社会的反響を呼んだ重大事案を御紹介します。

さて、個人的な経験から断言しますが、警察官は平然と嘘を吐きます。いえこれは過度の一般化かも知れません。正確には『嘘を吐く警察官もいる』とすべきでしょうが、退官後の、市民としての経験上、警察官は相手が騙《だま》せると見るや――要は素人と見るや、プロならば「バカ言うなよ!!」と怒鳴りたくなるような嘘を、平然と吐くことがあります。

事例1　自転車同士の事故は交通事故じゃない!?

私の親族の中学生が、夜間、警視庁P警察署管内で、自転車と自転車の人身事故を起こしました。

相手《あいて》方《かた》は、40歳代とみられる主婦風の女性。ところがこの女性、当該《とうがい》中学生が怪我をしている状況ながら、また、両者の自転車が大きく破損している状況ながら、自分だけが被害者であると怒鳴り始め、事故現場で当該《とうがい》中学生の財布から有《あ》り金《がね》全てを――一万円以上です――「修理代」「慰謝料」として強引に奪い、そのまま住所の交換も警察への通報もせず、現場を去ったのです。当該《とうがい》中学生は、怪我を押してP警察署に向かい、自転車で事故を起こしたこと、相手方に金銭を奪われたことを、当直の警察官に申告しました。ここで、対応した当直の警察官が1階カウンタ越しに言った台詞《セリフ》が――「自転車と自転車がぶつかったのは、交通事故にはならないんだよ」「警察として、できることはないんだよ」。

――そんなバカな話はありません、よね？
自転車同士の交通事故って、重大な社会問題になっていますよね？

そんなバカな話が通るなら、自転車事故を偽装して人を殺すビジネスが横行するんじゃないでしょうか（私そもそも本格ミステリ作家ですので……）。いやそんな極論を別にしても、道《どう》交法《こうほう》上、自転車は軽車両で、だから車と変わりません。ましてや本件において、当該《とうがい》主婦風の女性は、道交法に規定する『負傷者の救護義務』も『警察官への報告義務』も遵守《じゅんしゅ》していないばかりか、中学生から一万円以上の金銭を強取《ごうしゅ》又は恐喝《きょうかつ》しています。すなわち、事《こと》は既に道交法違反にとどまらず――人身事故なのでそれだけでも悪質ですが――未成年者を被害者とする、恐喝罪か強盗罪が成立するおそれが多分にあります。

事の顚末《てんまつ》を当該《とうがい》親族から電話で聴いた私は、当該《とうがい》親族を病院に行かせるのと交代で、すぐP警察署に架電し、また直接乗り込みました。そして、右のような主張を告げたほか「何故、判断力が未熟な中学生に嘘の説明をするのか？」と問い糺《ただ》しました（こういうとき、警察官が恐くないというのは恵まれているのかも知れません）。すると、対応した当直の警察官いわく――「いや自分はそんなこと言っていません」「それは中学生さんの聞き間違い」「自分が言ったのは、現場ですぐ110番してくれなかったから、相手の人を確保できる可能性は少ないし、中学生さんも相手の人も動けているのだから、交通事故として扱うのは大袈裟《おおげさ》だということ」

「お金も、中学生さんが納得して払ったのだから、警察としては介入できません」「どのみち、私が事件として処理することはできません」……

力業《ちからわざ》で丸め込もうとする気満々な説明を受け、私は「それなら当直責任者と話をする」「これで親族が死んだら御立派《ごりっぱ》な警察不祥事だ」「少なくとも金銭を奪われているのだから刑事課とも話をする」「恐喝なり強盗なりが強く疑われれば民事じゃないでしょ」「何もしないならこれから副署長・署長・警視庁本部と階段を上ってゆくだけだ」……とボルテージを上げたのですが、しかし私は経歴を秘していましたし、仮に明かしたところで、この手の警察官には意味がありません。というのも、彼は既に大嘘を吐いてしまった以上、もう一歩も後退できないからです。したがって、この不埒《ふらち》な当直員をあてがわれてしまった私にできることは、立ちっぱなしの押し問答と居座りのみ。しかもそれすら、P警察署の幹部がイカレていれば、『業務妨害』だの『不退去』だので、こちらの方《ほう》が検挙されてしまうおそれとてあります。自己防衛のためなら、たちまち事件でなくとも動きますから。いえ、あらゆる法令を駆使して事件にしますから……

これを要するに、警察における最初の担当者が徹底してサボるつもりなら、また、徹底して嘘を吐くつもりなら、①その改心と恩寵《おんちょう》がないかぎり、はたまた、②2日掛かろうと3日掛かろうと警部・警視といった上級幹部と話すまで帰らないという覚悟がないかぎり（話してもまるで無駄だという結末も見え隠れしますが……）、どんなドアも開《あ》かないし、どんなルートも開《ひら》かれないということです。少なくとも、その希望が叶《かな》えられる可能性はゼロ近似《きんじ》です。そしてそのことを熟知しているからこそ、窓口の段階で、不埒な警察官が、平然と市民を騙《だま》しに掛かるのです。このような事態に市民が対処するためには、余程《よほど》の予備知識と決意が必要です。

ともあれ、本件真っ赤な嘘については、『異常すぎて相手にしているとこっちがおかしくなる』『異常すぎて相手にしている時間が惜しい』『夜間体制なのでどのみちエライヒトはいない』ので、仕方なく警視庁本部の広聴《こうちょう》係に駄《ダ》目《メ》元《もと》の苦情だけを入れ――やはりほとんど無駄でした――親族の診断結果が好ましいものであることを確認してから、証拠品たる自転車を修理に出してしまいました。もちろん、奪われたお金など戻ってきません。親族の中学生としては踏んだり蹴ったりです。生涯、Ｐ警察署はおろか警察官に対して好い感情を抱かないでしょう。警察というのは、好んで敵を作る癖《へき》があります。

事例2　拾得物の処理はポケットに入れるだけ!?

私の親族の女性警察官が、ＰＴＡ役員として、小学校学区内の清掃活動に従事していたときのことです。

小学生を引率しつつ、道路とか植え込みとか、諸々《もろもろ》を掃除しますので、落とし物が出てくることも珍しくありません。ここで、こうした公的な行事、しかも児童の交通安全等に配意しなければならない行事には、学校を所管する交番・駐在所の制服警察官が同道してくれます。それ自体は実に有難《ありがた》いことで、「制服警察官の皆さんも極めて多忙なのに、地域住民のための活動をしてくれて嬉しいなあ」と感謝することしきりです。

ただ、言葉に迷いますが、正直、当たり籤《くじ》と外れ籤があり……

時間潰《つぶ》しの散歩かよ、と言いたくなるほどブラブラ歩くだけの警察官もいますし、そうでなく、積極的に児童・保護者とコミュニケーションをとり、実地の交通安全教育を行ってくれる警察官もいます。そして不幸なことに、私の親族の女警がその日接触したのは、警視庁Q警察署に所属する、前者のタイプの警察官でした。また幸か不幸か、清掃活動の終了間際、とある児童が、清掃ルートにおいて〈遺失された50円玉〉を拾得してしまいました。というか、当該《とうがい》児童としては、その処理に途惑《とまど》い、終了間際まで何も言い出せなかったのだと思います。

ここで、私の親族は警察官ですので、その児童の様子から〈現金の拾得があった〉ことを察知し、所要《しよよう》の手続をとろうとしました。というか、せっかくの機会、せっかくの状況なので、『落とし物を拾ったらどうすればいいか？』『落とし物を拾ったらどんなことがあるか？』を、実地に学んでもらおうとしました。

そこで――今にして思えば御節介《おせっかい》でしたね――当該《とうがい》児童に、「これ拾ったんですけど、ってお巡りさんに渡してごらん？」と言ってしまったのです。いや、これは手続としては何の問題もありません。〈拾得者〉に対し、知識ある大人が、〈拾得者の義務〉を果たしてみようよ、と教示《きょうじ》したのです。法的にも、私の親族自身は拾得者でも何でもないので、何の権利もなければ義務もない。できることといえば、「キチンと法律を守ろうね」と指導することくらいです。そして、私の親族はそれをしました。よって当該《とうがい》児童は、極めて素直に「お巡りさん、この50円玉、どこどこで拾ったんですけど……」と申し出たのです。

重ねて、手続的には何の問題もない。それどころか、適法で適正です。しかしそのことと、申出《もうしで》を受けた制服警察官がどう思ったかは、まるで違う問題でした。というか、より率直に言えば、申出を受けた制服警察官は、明らかにそれを御節介《おせっかい》だと感じたのです。どうしてそんな内心のことが断言できるんだ、とおっしゃるなら……当該《とうがい》制服警察官は、サラリと「ありがとう」と言いながら、その拾得物たる50円玉を、制服のポケットにそのまま突っ込んだから、です。

ここで、私の親族は……警察官なんぞをやっている所為《せい》で御節介《おせっかい》焼き以上に沸点《ふってん》が低い……カチンと来まして、この不心得者《ふこころえもの》に、上司上官のようなことを指摘してしまいました。すなわち「どのような拾得物であろうと、手続は警察施設内で行うものだし、どのような拾得物であろうと、拾得物件預《あずか》り書《しょ》が手渡されるはずだ」と、業務指導をしてしまったのです（まあそんな権限は当然ないのですが、ただ指摘内容は正確そのものです）。

——要するに、この制服警察官は、インチキをやりました。

そしてそれだけではありません。私の親族が「どうして野外で、何の証明もなく、何の確認もなく拾得物を取り扱うんですか？」と訊くと、「いえ野外でも大丈夫です」「50円玉だから、要りませんよね？」「警察の方でキチンと処理できますから」と答えました。

さていいよ、この制服警察官は、嘘を吐き始めました。素人を、騙《だま》しに掛かりました。

——ただ、これまたそんなバカな話はありません、よね？

警察官による拾得物の横領事犯も、定期的に摘発され、定期的に報道されていますよね？50円だろうが50億円だろうが、拾った児童の権利に何も違いはありませんよね？裸《はだか》現金をポケットに入れられてしまったら、その行方《ゆくえ》は誰がどう確認するのでしょう？

だからこそ、拾得物の確認は、散逸《さんいつ》のおそれがない警察施設内で、拾得者と警察官とが一緒になって、いわば証明書を作りながら、日時場所・個人情報を確認しながらやるんです。現金は、専用の封筒に封入しもします。そんなこと、制服警察官にとって常識ですが、もし知らないというなら、警察庁通達で明文化されています。もしそれも知らないというなら、警視庁もまた警視庁通達で明文化しています。ところがどうして。相手方が児童と素人と見るや、Q警察署の制服警察官は、その50円玉をポケットに入れたまま、とうとう何の手続もせず帰所《きしょ》してしまいました……

……たかが50円玉のことで、難癖《なんくせ》を付けているとお思いでしょうか？

しかし重ねて、法的には、50円も50億円も変わらないのです。百歩譲《ゆず》ってその違いを認めるとしても——事態は更にビックリな展開を見せました。

今度は、当該《とうがい》制服警察官のみならず、Q警察署ぐるみで嘘を吐き始めたのです。

すなわち——①当該《とうがい》制服警察官の取扱いには疑義があるばかりか、②それを児童の面前で平然とやっていることは既に警察不祥事そのものだといえますので、すぐさま当該《とうがい》制服警察官の上司である、Q警察署の地域代理（警部）に話を聴いてみますと……「警察官の取扱いに問題はありませんでした」「落とし物を警察施設で取り扱わなければならない法令はありません」「関係書類を作成しなかったのは、児童さんが権利放棄をしたからです」云々《うんぬん》とのこと（ちなみに全部嘘。例えば権利放棄の場合も書類は必要）。ましてや、「専門家である会計課長も同意見ですし、副署長（警視）も同意見です」「児童さん本人が抗議をされていないのですから、この問題は打ち切ります」とまで言ってのけました（九分九厘《くぶくりん》が嘘。書類がないから児童等に連絡のしようがないし、書類がないから署長副署長に報告をしたり決裁を受けたりすることもできない）。こんなの、警部にしてはいけない人間です。

とまれ、直接の被害者は〈拾得者たる児童〉ですから——お礼金を貰える権利も、50円玉そのものを貰える権利も無視され消滅させられてしまいましたが——私の親族としては、それ以上何を指摘する権利もありません。どうせ言っても聴きやしません。やがて必ずこの警察署で発生するであろう、拾得物の、そうですね、万円単位の横領事犯で炎上するまで懲《こ》りることはありません。そもそも、インチキについても嘘についても罪の意識がないのです。

まあしかし、Q警察署のこれらの理屈が通るなら、間違ってもQ警察署の管内で財布は落とさないようにすべきだし、Q警察署の管内で財布を拾ったなら、警察官と組んで一儲《ひともう》けできてしまうのでは……とも想像しました。日本警察の長兄《ちょうけい》たる大《だい》警視庁にして、この始末です。

警察官は脅しにかかる……

またもや個人的な経験から断言しますが、警察官は、たとえ嘘を吐かないときでも、今度は脅しにかかります。これまた正確には『脅しにかかる警察官もいる』とすべきなのでしょうが、退官後の、市民としての、経験上、警察官は相手が弱いと見るや——要はねじ伏せられると見るや、「何でいきなりキレるんだ……?」「何で被害者に都合の悪い話ばかりするんだ……?」と訝《いぶか》しみたくなるような威迫《いはく》を、加えてくることがあります。

事例3　逆らう奴にはとにかく気合い⁉

私の親族の小学生が、自転車に乗っている際、日本郵便の運送車両（ワゴン）にひき逃げされました。自転車で走行中、突然ドアを開いたワゴンに、まあド派手に吹っ飛ばされたのですが……60歳代のドライバーは、恐怖心からそのまま逃亡したのです。より正確には、当該《とうがい》ドライバーはいったんワゴンから降りて私の親族に近付き、「大丈夫かい？」なる声を掛けたのですが、そのまま返事も結果も確認することなく、ワゴンで走り去りました。ちなみに当該《とうがい》小学生は自転車ごと反対車線まで吹っ飛ばされたので、そのとき対向車が来ていれば、即座に轢《ひ》かれて今《いま》生きてはいなかったでしょう。

これはむろん人身事故、しかもひき逃げですので、警視庁V警察署がPC《パトカー》等を数多《あまた》動員したり交通代理（警部）に現場指揮を執《と》らせるなどして、ほぼ適切な初動《しょどう》捜査を行ってくれたため（ほぼ、の理由はすぐ説明します）、結果、ほどなく運転手は身柄を確保され、また、事件処理のための取調べ・実況見分といった諸活動も開始されました。

そしてこれは交通事故ゆえ、被害者と加害者は、好むと好まざるとにかかわらず、一定の関係に入らなければなりません。この場合も、いささかノンビリとしたタイミングではありましたが、加害者側の保険会社が、私にコンタクトを取ってきました。今後の円滑な対応のため、必要な個人情報その他を教えてほしいとも言ってきました。

しかし私は、ひき逃げなる悪質な行為にも憤慨《ふんがい》していましたし、まして相手方《あいてかた》は実質、日本郵便です。役所みたいなものです。その職員なら、公務員みたいなものです。要は、民営化されようとされまいと、重要な社会的インフラを担う公的存在です。まして私は元役人ゆえ、役所が不祥事をどう処理すべきか、それなりのことは知っています。

ゆえに、保険会社にはこう伝えました——「まず、加害者さんが所属する郵便局のしかるべき方が謝罪に来るか、少なくとも謝罪の電話を入れてくるのが筋。公的機関がいきなり保険会社に丸投げなど破廉恥《はれんち》に過ぎる」「小学生をド派手に吹っ飛ばしておいて、まして部下職員にひき逃げをさせておいて、上司が何も言ってこないなんて無礼はない」「連絡先の交換なら現場でする。本人とする。顔を見てする。ところが本人は現場から逃亡した。それはこっちの事情じゃない。ならしかるべき上司が出てくる以外にない」「被害者は死んでいたかも知れないし死ぬかも知れない、それでもこのような対応なのか」「日本郵便の交通事故については、日本郵政グループのＨＰ等でお詫《わ》びの告知を、しかも即日、出しているはずだ」「ならば日本郵便さんとして、謝ったら示談に不利だとか、まさかそういう認識じゃないだろう」「ともかく社会常識に基づいた対応をしてほしい」「それまで一切の御連絡はお断りする」と。

すると、ビックリすることに……
事件処理をしている、Ｖ警察署の代表番号から、引っ切りなしに、私の携帯に電話が入ってくるのです。まあ下4桁《しもよんけた》で警察署であることは分かりますから電話に出ると、V警察署の交通課の巡査部長とやらが「取り敢えず、住所その他を急いで保険会社に伝えろ」の一点張り。しかし当方としては冗談じゃありませんから、また、警察署にお邪魔するのは私にとって何の苦でもありませんから、「この際、当該《とうがい》巡査部長さんにこちらの気持ちを説明し、誤解のないようにしておこう」と、アポを取ってV警察署交通課に出向きました。

そうしたら……

V警察署の交通課の執務室内で、まるで部下のようにデスク脇に座らされたその瞬間（重ねて、私は経歴を明かさないことにしています）、当該《とうがい》巡査部長の独演会が……気合いの独演会が始まったのです。「アンタ何考えてんの!!」「交通事故で連絡先を交換するなんて常識でしょ!!」「何かゴネるつもりがあるの!?　それとも後ろ暗いの!?」「いいよ、このままだったら俺何の仕事もしないからさ!!」「俺が何もしなかったら事故証明が出ないよ、事故証明が出なかったら何の手続も進まないよ、結局アンタ何もできないんだよ、それでもいいの!!」「カネも受け取らないんだね!?」「いつまでも子供みたいなこと言ってないでさあ!!」「今ここで電話して!!　電話貸してやるから保険会社に電話して!!　とっとと済ます!!　俺が番号押してやるよ!!」「アンタ人間としてどうなのよ!?」等々と、こちらの気持を伝えるどころか、真っ当な挨拶もできないほど叱責され、脅されまして。またそれはもうすごい剣幕《けんまく》、すごい大声で……そんな独演会が、15分〜20分ほど続いたでしょうか。ちなみに、特定の警察官が興奮してきたときの、自分で言って自分で盛り上げてゆくプレイには、すさまじいものがあります。

とまれ、あり得ない想像ながら『保険会社から山吹色《やまぶきいろ》のお菓子でも届いたのかよ……?』と思いたくなるような（ちなみに緑っぽい農協系の会社さんでした。関係者こぞってお役所系で嫌ですね）、そして『こっちは日本有数の大企業に小さな子供を吹っ飛ばされた被害者なんだが……?』と思わず自分の立場を再確認したくなるような、それはもう、一方的な艦砲射撃《かんぽうしゃげき》でした。もし私が特異な経歴を持たない一般市民であれば、確実に畏怖《いふ》したと思います。交通警察官は、制服勤務をしますしね。ただ私は、警視長《けいしちょう》だの警視監《けいしかん》だのの封建的パワハラで鍛《きた》えられてきた世代の警察官ですから、V警察署でどれだけ罵声《ばせい》を浴びようと、アドレナリンが分泌《ぶんぴつ》されこそすれ畏怖することはありません（ちなみに何の自慢でもありません……20年弱も奉職していれば誰でもそうなります）。ゆえに、罵声を浴びつつしみじみ感じたのは、「この人は、こうやって市民を恫喝《どうかつ》して仕事をしてきたんだろうなあ……」「自分もまた、市民や上司に恫喝されて育ったんだろうなあ……」ということです。交通警察官って、平均的には温和な紳士なんですが。人間生真面目《きまじめ》が行き過ぎると、激昂型《げっこうがた》に転じるものなのでしょうか。

――以降のやりとりは割愛《かつあい》しますが、結局、日本郵便は最後まで〈郵便局の課長補佐〉さんしか出してきませんでした。郵便局長が素っ飛んできてもおかしくない悪質な不祥事だと思うのですが、端的《たんてき》には「局長が対応すべき事案ではない」とかで……また後日譚《ごじつたん》としては、このV警察署の巡査部長、お気の毒にも、私の親族の小学生に平謝りするハメになり、おまけに、担当副検事までが謝罪の手紙をしたためるハメになりました。というのも、御両者《ごりょうしゃ》とも、本件事件の組立てをほぼほぼ運転手の自白に頼っていたのですが、しかし検事調べであざやかに自白を引っ繰り返され、頑強《がんきょう》な否認《ひにん》に転じられ、といって慌てて通《とお》り一遍《いっぺん》だった実況見分をもう一度やり直すなどしても、まさか新たな客観証拠など出て来るはずもなく……結果、『投入した捜査コストは全てパア、運転手は不起訴』なる、捜査側の全面敗北となってしまったからです（だから自白偏重《へんちょう》の立証構造は駄目なんです）。最終盤、困った副検事など、被害者を誘導して被害者調書を『僕が十分に注意をしていませんでした』『僕がしっかり確認をしていませんでした』等々と作り直し、事件自体の構造を変え運転手を救済しようと試みたほどです（無論、立ち会っていた母親に激怒され、ふざけるなと一喝《いっかつ》されて断念したのですが。そこで諸々《もろもろ》をゴニョゴニョするため、謝罪の手紙を書くだの、V警察署にやってきて担当巡査部長と一緒に被害者とその母親へ平謝りするだの、そんなしみじみする展開になったのです）。

　しかし念《ねん》の為《ため》ですが、このV警察署の交通課の巡査部長、根はよい人でした。少なくとも潔い人でした。というのも、とうとう不起訴が決まってから、先の罵声の100分の1くらいの声量で、「すみません……」「本当に申し訳ない……」「基本のキの字を怠《おこた》りました……」等々と繰り返し繰り返し謝ってくださったからです。ゆえに個人的な遺恨《いこん》はありません。被害者たる私の親族も、それなりの病院通いのみで事無《ことな》きを得ました。なお、私は今あらゆる担当編集者さんに、クロネコヤマトさんの積極活用と、年賀状の廃止をお願いしています。

事例4　事件にするならお前も容疑者!?

私の親族の大学生が（当家の血筋は、事件事故に遭遇《そうぐう》する確率が高いんですかね……平均値が分からないので何とも言えませんが）、JR山手線で通学中、車両に乗ろうとしたら、突然割り込んできた何者かと揉《も》み合いになりました。親族がそれを振り払った結果、背後から当該《とうがい》何者かに襲撃され突き飛ばされ、額《ひたい》、頭、腕等をしたたか手すり、ガラス等に打ち付けてしまった――というのが事案の概要です。要は、乗車側のドア付近で思いっ切り身体を押され、その勢いで反対側のドアまで吹き飛び、それに激突した上、ドン、ドン、ドンと転倒等し、身体のあちこちを車内に衝突させた感じです。

特に額・頭を強打し出血しましたので、下車してすぐ救急車を呼ぶ騒ぎになりました。

またそのような経緯ゆえ、初動《しょどう》活動に当たってくださった警視庁目白《めじろ》警察署の御対応は迅速《じんそく》かつ丁寧《ていねい》なもので、『被害者が今どこにいてどのような状態にあるか』極めて詳細に説明してくれたほか、『直ちに被疑者を確保すべく入念な検索活動を行っている』旨《むね》や、『警察にできることがあれば何でも申し出てほしい』旨を、真摯《しんし》に伝えてくださいました。そればかりか目白警察署は、「事件が発生した駅を管轄する警視庁X警察署に、確実に事案を引き継いでおきます。X警察署を御訪問になれば、すぐに話は通じます。先方の担当者は、X警察署刑事課の誰《だれ》某《ぼう》です」とも言ってくれました（そしてその引継ぎの約束は守られました）。よって、私の市民としての生涯を通じ——現役警察官時代を除いて考えると、現在の所——目白警察署、特にその刑事組対《そたい》課は、最も親切にしていただいた署であり課だと思っています。警察においては、初動活動や被害者対策の重要性が叫ばれて実に久しいですが、ことこのときの目白警察署さんには、『期待以上・平均以上の初動活動をしていただいた』『一般的には激しく動揺する被害者側に、充二分《じゅうにぶん》な配慮をしていただいた』と、今でも感謝することしきりです。

ところが、それで終わらないのが警察の厄介《やっかい》なところで……

さて私は取り敢えず、引継ぎ先というか、発生地を管轄するX警察署に連絡を取りました。するとこのX警察署、具体的にはその刑事課曰《いわ》く、「必要な捜査をするので、警察署に来署するのではなく、X駅西口交番前で待ち合わせたい」とのこと。無論こちらに否《いな》やはありません。むしろ「えっ、いきなり出撃だなんてそりゃもう実況見分だろ、また気合い入ってるなあ、有《あり》難《がた》いなあ!!」と思ったものです。というのも、「現場はこんなターミナル駅の、こんな雑踏《ざっとう》に満ちたホーム。ましてや現行犯でもない。かなりの手数を掛けなきゃ被疑者確保の確率は低いから、X警察署、被害届の受理を渋りかねないなあ……」なんて思っていたものですから。

　とまれ、そのままX駅西口での待ち合わせも上手くゆきまして。またそこに、応急の手当てや応急の検査、診断書の取得を終えた被害者も合流してきまして。ゆえにX警察署の中堅刑事2人と、あと被害者と私とで、そのまま交番前に立ちながら、簡易な打ち合わせというか、当方からすれば事情説明、刑事からすれば事情聴取が始まったのですが……

　主導権を取っている方《ほう》の刑事が、5分強ほど被害者の説明を聴いた後でしょうか。当該《とうがい》刑事は被害者でなく、私に、そして私からすれば執拗《しつよう》に、こう確認してきたのです——

「被害者さん、最初、容疑者と揉《も》み合いになっていますよね？」「被害者さん、そのとき容疑者を振り払ったとおっしゃっています」「となると……被害者さんもまた、見方によっては容疑者になってしまうんですよ」「……それでいいですか？」「どうしても事件にしたいとおっしゃるなら、当然、被害者さんについても、暴行とか傷害とかの捜査をしなければなりませんが、それでいいですか？」「本当にそれでいいですか？」「容疑者になってしまって、それで後々問題はありませんか？」「学業への影響は大丈夫ですか？」「最悪の場合、何らかの刑事処分を受けてしまいますが、大学とか、それで大丈夫ですか？」云々《うんぬん》と。

　要は、被害届を出すのであれば、私の親族もまた被疑者にするぞと、こう言うのです。

……純然たる市民であれば、そんな脅しを、淡々と、ドスの利いた口調でかけられては、そう、凄《すご》みなせりふで脅されては、「いえそれでも被害届は出します」「絶対に事件にしてください」とは言えないでしょう。

これは、言葉を選ばなければ、実に悪質で陰湿な手口だと思います。

……そもそも被害者と刑事はまだ、被害届が代書できるほどの事情聴取すらしていないのです。なら、当初の『揉《も》み合い』がどのようなトラブルだったか、当該《とうがい》刑事とて充分に理解できてはいません。ましてや、当初に『揉《も》み合い』があったからといって、救急車まで呼ばれ実際に救急搬送された、診断書も出せる被害者と、治療を求めた形跡もなくトンズラこいた被疑者が、対等の『容疑者になる』『捜査対象になる』はずないでしょう。常識で考えろと。そんな屁理屈《へりくつ》が罷《まか》り通るなら、痴漢《ちかん》の腕を強く撥《は》ね除《の》けた痴漢被害者もまた、傷害だの暴行だのの容疑者として捜査を開始されるのかよと（そもそも目白警察署の方《ほう》はゴタゴタ言わず、直ちに被疑者の検索活動を実施していることも想起されるべきです）。

とはいえもちろん、こうしたトラブルにおいては、警察用語でいう〈相被疑《アイヒギ》〉、要は『両当事者とも被疑者であり被害者である』『両当事者ともボコスコやらかしている』――というケースも、決して少なくはありません。この〈相被疑《アイヒギ》〉のとき、両当事者がそろって捜査対象になるのは、全く当然のことです。

しかし、そうした一般論と、『当初にトラブルがあったのだから、そもそもあなたの事件は喧嘩両成敗《けんかりょうせいばい》で、あなたもいわゆる容疑者なんですよ？』なる説明は、およそ似《に》て非《ひ》なるもので、端的《たんてき》には後者は嘘です。少なくとも、客観捜査を尽くし、目撃者を確保し、逃亡した被疑者をも確保し、『実際には何が起こったか？』を解明するまで、そんな言い切りは嘘です。事案の真相など、説明している刑事にすら分かっていないのですから……

　ましてや「それでいいですか？」「本当にそれでいいですか？」「大丈夫ですか？」「それで大丈夫ですか？」云々《うんぬん》と畳み掛けるなど、相手を困惑させ、正常な判断力を奪う悪質な揺さぶりとしか言《い》い様《よう》がない。これまた言葉を選ばなければ、詐欺師《さぎし》のやりくちです。「あなたも容疑者になりますよ？」「大学からも処分されかねないよ？」などという脅しは、「婆ちゃん、俺、交通事故起こしちゃったよ……」「俺、会社のカネを横領しちゃったよ……」などという特殊詐欺定番の脅しと、いったいどこが違うのでしょうか。それを取り締まる側の警察が、しれっと発言してよいことでしょうか。

　さすがに私は心中憤激《しんちゅうふんげき》しまして――なお喧嘩《けんか》しても目的は達成されません――このときばかりは禁《きん》を犯《おか》し、自分の経歴を明かしながら「相被疑《アイヒギ》なら相被疑《アイヒギ》でかまいません、全く結構」「是非《ぜひ》とも事案の真実を明らかにしてください」「それでこの子が処罰されるのであれば、それも全く結構、元警察官としては望むところ」「自分の行為に責任を取る。当然のこと。どうぞ厳しくお調べいただきたい」「その上で、事件化に何か問題があるのなら教えてください」等と言いました。

そこからすぐ、30分弱を掛けた、X駅の大混雑ホームでの実況見分が始まり……終了後、直ちにX警察署に移動しての被害者調べや実況見分が、3時間強。事件として動いてはくれることになりましたが、数年を経た今も、未検挙・未処理です。

よって、当該《とうがい》刑事たちと再会することもなく……正直、ぬるりとした嫌な思いが残りました。目白警察署の御《ご》厚意《こうい》が、本件唯一の清涼剤《せいりょうざい》です。

以上、本書のテーマ「事件でなければ動けません」＝「何故警察は動いてくれないのか？」を検討する前提として、関連する私の個人的な経験を4つ、御紹介しました。

しかしこれは極めて個人的なものであり、まさか一般論にすることはできません。

そこで――元警察官としては極めて残念ながら――実はこうした、こと、少なくとも、そのような〈警察不信〉を抱かれても仕方ない状況にあることを決して珍しくはないべく、私の個人的体験を超えた、大きな社会的反響を呼んだ重大事案を御紹介します。御案内の方も、御記憶の方も多いのではないかと思います。

太宰府事件――事案の概要

令和元年10月20日、福岡県太宰府《だざいふ》市内のインターネットカフェ駐車場に停車していた乗用車の中から、30歳代の主婦・Xさんの遺体が発見された。これに伴い、Xさんと同居する40歳代の女性被疑者Aと、20歳代の男性被疑者Bが、殺人の容疑で、福岡県警察捜査一課に逮捕された。

同課の捜査によると、令和元年9月下旬〜10月20日頃、被疑者A及びBは、太宰府市の自宅で、Xさんの太腿《ふともも》をバタフライナイフや割《わ》り箸《ばし》で刺す、膝《ひざ》の皿を砕く、尻を木刀で殴るなどして暴行を繰り返し、同10月20日午前4時50分頃までに、Xさんを外傷性ショックで死亡させたもの。

本件においては、女性被疑者Aが、Xさんを無理矢理ホストクラブに同行させ、それによってXさんに親族から借金を重ねさせるなどして、Xさんを親族と疎遠《そえん》にさせた。また、元々は佐賀県基山町《きやまちょう》で夫・子供とともに暮らしていたXさんを夫と別居させた上、A及びBの居住する家に同居させ、夫と連絡が取れないようにしてXさんを孤立させた。それは、『失踪したXさんの兄の借金の肩代わり』名下《めいか》に、消費者金融から借金をすることなど、Xさんに不本意な行動を強いるほか、Xさんを入浴させないなど、劣悪な環境下で監禁して、A及びBがXさんを思いどおりに支配するためだった。例えば、A及びBは、ホストクラブの飲食代、同居の生活費などとして総額6000万円以上の『借用書』を作成、Xさんにその『借金』の返済をさせるため、右の約1か月もの間、日常的・継続的に激しい暴行を繰り返し、Xさんを服従させていた。

加えて、A及びBはXさんをいわば人質にして、Xさんの家族に金銭を要求した。Xさんは A及びBに強いられ、家族に対し、執拗《しつよう》に金銭を無心させられた。またXさんの夫は、A及びBから直接、多額の金銭を支払うよう、脅迫まがいの電話を何度も受けた。

本件につき一審・福岡地裁は、「犯行の動機や経緯を見ても、被告人両名はXさんを服従させて搾取《さくしゅ》するという私利私欲の目的のために犯行に及んだ。Xさんに対する優越感から暴行や虐待行為を楽しんでいた様子も見受けられる。人としての尊厳を踏みにじられた末、生命を奪われたXさんの苦痛は計り知れない」とA及びBを厳しく断罪、Aに懲役22年、Bに懲役15年を言い渡した。

（諸報道・判決を総合し要約。なおAB・福岡地検とも控訴のため、事実認定は未確定）

新聞・TV等の報道内容に依拠した部分があり、また控訴《こうそ》審《しん》においても争われる／争われた事案のため、右が全て確定した事実……裁判所において事実だと最終的に認定されたものと言うことはできません。しかし、そこを慎重に考えるとしても、これが言語道断の、戦慄《せんりつ》すべきリンチ事案・監禁事案であり、いわゆるマインドコントロールによる凶悪な資金獲得《かくとく》活動であることは、福岡地裁の怒りを踏まえても、論《ろん》を俟《ま》たないと思われます。

さて、本件太宰府《だざいふ》事件は、事件そのものとしても社会を震撼《しんかん》させた非道なものですが、右にまとめた事件の内容以外の要素も、社会を震撼させあるいは激怒させてしまいました。激怒の対象となったのは、佐賀県警察及びその対応です。大々的に報道されていますので、御存知《ごぞんじ》の方も多いと思われますが、再整理のため、幾つかの報道を追ってみましょう。

福岡県太宰府市で２０１９年10月、主婦のXさんが遺体で見つかった事件で、佐賀県警が、事件前にXさんの身を案じた同県基山町《きやまちょう》の家族から10回以上相談を受けながらも被害届を受理していなかったことが、捜査関係者への取材で判明した……

……捜査関係者によると、執拗《しつよう》に金を無心するXさんを心配した家族が佐賀県警鳥栖《とす》署に相談し、背後にA被告らがいることも訴えた。さらに、Xさんの夫はA被告らから多額の金を支払うよう脅迫まがいの電話を何度も受け、支払わなければXさんの身に危険が及ぶと危惧し、鳥栖署に相談を重ねていた。

（令和2年10月24日毎日新聞西部朝刊・抜粋）

……福岡県警は調べを進める中で、Xさんの夫が事件発覚前、Xさんの実家に近い佐賀

県警鳥栖署に複数回にわたり相談していたことを確認。捜査関係者によると、Xさんが親族に数百万円を無心していたことや、その背後にA被告らがいることを繰り返し署員に訴えていた……金を支払うよう電話で脅された内容を録音し、署に持ち込んでいたという。だが、鳥栖署は事件化しなかった。

　Xさんの母親は朝日新聞の取材に、「（佐賀県警は）まともに取り合ってくれなかった。話を聞いてもらえたら、あんなことは起きなかったかもしれない」と無念さをにじませた。

　佐賀県警の鈴木知広警務部長は23日、定例会見で「ご遺族に対し心からお悔やみ申し上げる。現在事実確認をしており、調査結果については可能な限り早く明らかにしたい」と話した。

（令和2年10月23日12時49分朝日新聞DIGITAL・抜粋）

……2019年10月、主婦のXさんが暴行され死亡した事件を巡り、佐賀県警鳥栖署が事件前に家族から相談を受けながら被害届を受理していなかった問題で、県警は28日、「適切に対応した」とする調査結果を公表した。家族から同年7〜9月に8回相談されていたことを認めた上で、「身に危険が及ぶとの訴えではなかった」と説明。関わった警察官を処分する考えがないことも明らかにした……

……8回あった相談のうち、前半の6回はXさんが家族に金を無心するといったトラブルについてで、後半の2回はXさんの夫がA被告らから現金を要求され脅されているという内容だった……8回目の相談は午後8時以降の当直時間だったため、1人で対応した警察官が録音の冒頭だけを聞いて、相談に訪れた夫を帰した……調査結果を公表した県警の木下公三・刑事部管理官は、家族の主張とずれがあることも認めた上で、「できる限りの対応をした」と強調した。

（令和2年10月29日毎日新聞西部朝刊・抜粋）

……佐賀県警が当時の対応に問題はなかったとの調査結果を公表したことに関し、遺族は31日、「佐賀県警や鳥栖署が話していることは正直でたらめとしか思っていない」と批判する文書を報道各社に寄せた……

……県警は28日、事件が発覚した昨年10月から内部調査をしてきたと説明したが、遺族は文書で「今年6月に質問状を持っていくと連絡するまで、鳥栖署や県警から調査に関する連絡は一切なかった」と主張した……

……県警によると、遺族は昨年7～9月、Xさんからお金を貸してほしいと求められていることや、Xさんの夫が被告らから金銭の要求などで脅されているといった内容を8回にわたって鳥栖署に相談した。県警は「内容は金銭トラブルで、女性の身に直ちに危害が及ぶ可能性は認められなかった」と判断し、事件化するなどの対応を取らなかった。

（令和２年11月１日佐賀新聞・抜粋。なお人称を他記事と統一）

……佐賀県鳥栖署が事件前に同県基山町の遺族から相談を受けながら被害届を受理しなかった問題で、遺族が16日、福岡市で記者会見した……

……会見にはXさんの夫Yさんと、Xさんの母と妹の３人が出席した……Yさんらは、XさんがA被告に何か弱みを握られ「洗脳されている」と心配し、２０１９年６～９月に鳥栖署を訪れるなど計14回相談したことを明らかにした。

同９月には……借金返済名目でYさんが脅し続けられた約３時間にわたる電話の録音データを持って鳥栖署を訪問。脅迫事件として被害届の受理を求めたが、対応した警察官は録音データの冒頭を聞いただけで受理の手続きをしなかったという。

事件後、遺族は情報公開請求で県警の内部文書を入手。この相談を鳥栖署が記録した文書には、被害届の意思について「現在のところなし」の項目にチェックがあり、相談の処理方針は「継続」や「引継」ではなく「解決」としていた……

（令和２年12月17日毎日新聞西部朝刊・抜粋）

（遺族が録音した音声）

鳥栖警察署　A巡査　払わなかったら殺すぞとか、払わなかったらどうするっていうことがまだ出てきていなくて、今のところは脅迫だと断定できない

遺族　被害届を何で受理せんと？

A巡査　どうしようもないという状況という感じではないので

（令和2年9月30日午後0時30分FNNプライムオンライン・抜粋、改行変更）

鳥栖警察署・A巡査対応音声　いまから3時間（録音を）聞くというのは、あれなので。自分は5分くらいしか聞いていないですけど。どうしようもない状況じゃない

（令和2年10月1日午後6時30分FNNプライムオンライン・抜粋、改行変更）

鳥栖署で相談を受けた巡査：（録音された音声）　現時点で5分間くらいしか聞いていないが、もし、これで被害届を言われたいというのであれば、今から3時間聞くのも、あれだと思うので…

Xさんの家族によると、鳥栖署の担当巡査は、A被告らから脅迫される電話音声を5分しか聞かず、被害届の提出を断った上、内容を文字に起こし、どの部分がどういう犯罪に

当たるのか付《ふ》箋《せん》を付けてくるよう言ったという……

……のちに福岡県警は、同じ音声を証拠に被告らを逮捕している。

なぜ、佐賀県警は捜査しなかったのか

（令和2年10月27日午後6時00分FNNプライムオンライン・抜粋、改行変更）

佐賀県警の主張によると……一連の相談は、あくまでも〝家族間の金銭トラブル〟であり、〝Xさんの身に直ちに危害が及ぶ可能性があるとは認められなかった〟としている。

ところが、テレビ西日本が独自に入手した佐賀県警の内部資料には、これまでの佐賀県警の主張を覆す内容が記されていたのだ。

相談簿に記された内容（2019年7月12日）

「令和1年7月12日」

「件名：他人から洗脳されている娘を救いたい」

相談簿に記された内容（2019年8月7日）

「令和1年8月7日」

「件名：姉を取り巻く環境が心配」

相談簿に記された内容（2019年9月25日）

「令和1年9月25日」
「申出概要：脅迫の被害届を出せないか」
「被害届等の意思」「現在のところなし」「解決」

（令和2年12月15日午後0時10分FNNプライムオンライン・抜粋、改行等変更）

……右の問題の本質は、まさに本書のテーマ「事件でなければ動けません」です。

なおここで、「動かなかった」のは佐賀県警察、検挙等したのは福岡県警察で、警察の仕組み上、両者は全く別個独立の会社となります。念《ねん》の為《ため》の注釈です。

さて本件においては、相談回数、相談内容等について、御遺族と警察の主張にずれがありますが――しかし端的《たんてき》には、「家族を助けてほしい」「そのために事件化してほしい」「そのために被害届を受理してほしい」という市民の訴出《うつたえで》を、警察署レベル、しかも巡査レベルで門前払いしてしまっています。結果、残酷極まる監禁・リンチと殺人を、みすみす許してしまっています。報道の内容が全て正確とは限らない、という前提を置いても、この大筋はくつがえらないでしょう。

ただ私としては、古巣である警察の『言い分』も知りたいと思いましたので――両当事者の主張を検討しなければフェアでないでしょう——佐賀県警察が公表したなる『調査結果』を取り敢えず検索して探したのですが、佐賀県警察本部のサイトにも、その鳥栖警察署の紹介ページにも、残念ながら掲出されてはいません。市民が開示請求しなければ、見せはしないという姿勢でしょうか。ここで、平成の半ば頃は、例えばすぐに採り上げるかの〈桶川《おけがわ》事件〉の検証報告書など、警察が作成した原本が長い間ネットで閲覧できた記憶がありますが……それが平成の終わり頃になると、例えばペルー人男性による6人連続殺人の〈熊谷《くまがや》事件〉の検証報告書が、ネットで引けたと思いきやたちまち検索不能になってしまった記憶もあり、「今はひろく説明する気がないのかなあ」「喉元《のどもと》過ぎれば、かなあ」「公平に言い分を聞きたい人も大勢いるのになあ」と、残念に思ったものです。とまれ、令和3年現在、佐賀県警察は、『調査結果』をひろく市民に判断してもらう気はないようです。

そのようなわけで、御遺族と警察の主張をともに、つぶさに検討することはできないのですが……本件は、概要だけでも市民を激昂《げっこう》させるに足るものです。実際、メディアは佐賀県警察を糾弾《きゅうだん》する大きなキャンペーンを開始しましたし、佐賀県議会においても、また記者会見の場においても、佐賀県警察の社長である佐賀県警察本部長に対し、厳しい質問が相次ぎました。本件事件の裁判員を務めた市民からも、「県警の対応がとんでもないことと思いますし、何かないと動かないのは防犯の意味はなく」(50歳代女性)、「もう少し市民側の目線に立って対応していただけたら」（40歳代女性）との声が上がっています（令和3年3月3日毎日新聞西部朝刊）。そして因果関係は分かりませんが、とうとう佐賀県警察本部長は、「体調不良で、業務に支障が出ている」旨《むね》の理由で、離任会見も開けぬまま警察庁本庁へ異動となり、後任に、人事畑《ばたけ》のエース級が投入されることとなりました（実は当該《とうがい》後任の本部長は、警察庁の同じ係で勤務したり、同じ府県で勤務したり、故に同じ官舎でお世話になるなど御縁《ごえん》の深い方でして……清廉にして明朗にして鋭利にして円満な、立派な人です。日に何度も愚痴《ぐち》を聴いてもらっては、的確なアドバイスをしてもらいました。なお前任の本部長とは個人的な接点がなかったのですが、悪い噂《うわさ》を一切、聴いたことがありません）。

このような経緯について、他の都道府県の口さがない警察官は「更迭《こうてつ》だ」「引責だ」と平気で言いますが（実際に聴きました）、それら警察官も私も、まさか佐賀県警察の内部事情など分かりません。よって、前任・後任の社長の労苦や真意、はたまた、佐賀県警察地元採用警察官との関係など知る由《よし》もありませんが……ただ報道されるところによれば、前任の社長も後任の社長も、本件について、

相談内容は被害者を巡る金銭トラブルという趣旨で、直ちに危害が及ぶとは認められなかった

当時鳥栖署では遺族からの申し出に応じた対応をしていたが、Xさんが亡くなったこ

とは重く受け止める

という旨《むね》で見解を一致させており（令和3年2月26日毎日新聞西部朝刊）、これが佐賀県警察としての、現時点で見通せる範囲における不変の見解と考えられます。ここで再論すれば、私は元警察官僚として、両社長の人格は高潔であると考えていますので、そのような方々が右の如《ごと》き見解を頑《かたく》なに維持するのであれば、それは不可解であり、よってそれだけの重大な／深刻な理由があるとも考えます。となると重ねて、『調査結果』すら読めないこと、そこから佐賀県警察の本音を解析できないことが、悔やまれます。

太宰府事件——悪夢のような『パターン』『型』

先に述べた、私と私の親族の経験など、この太宰府事件で被害者と被害者遺族の方々が味わされた苦渋・苦悩の前では、吹き飛んでしまうほど些細《ささい》なものです、が……重大さ・深刻さの別を措《お》いて比較検討すれば、「事件でなければ動けません」問題に共通するパターン、共通する型、共通する構造が見えてくるようにも思えます。

例えば、相談なり苦情なりに対応したのが、上位の警察官ではないこと。

更に例えば、相談等に対応した時間帯が、当直時間帯等、多忙な時間帯であったこと。

更に例えば、相談等に対応できない理由が、まるで意味不明か、まるで嘘であること。

更に例えば、相談等に対応する者が、上司上官の指揮を受けていないこと。

更に例えば、相談等の受理において、結果としてインチキをやっていること――

報道を追うかぎり、太宰府事件で姿が見えてくるのは、巡査1人でそれだけです。言うまでもありませんが、巡査とは警察官最初の階級で、新入社員にまず与えられるもの。ならば太宰府事件において、何故対応者が巡査1人になったかを調べると……佐賀県議会において前任の警察本部長が、「他の事件が連続して発生して担当刑事が対応できず、事件性の判断がただちにできなかった」と答弁しているのが分かります（なおこれは『録音を聴く聴かない』のやりとりが発生した日の事情で、なら、他の機会においてはどうだったのか疑問に思いましたが、公刊資料からは俄《にわか》に判断することができませんでした）。

ここで僭越《せんえつ》ながら、先に御紹介した、私達の個人的経験を想起していただくと。

「自転車と自転車がぶつかったのは、交通事故にはならないんだよ」なる大嘘を吐いた警察官も、当直員で、しかも自ら窓口を務める下位の警察官でした。そして当該《とうがい》警察官の「交通事故として扱うのは大袈裟《おおげさ》だということ」「お金も、中学生さんが納得して払ったのだから、警察としては介入できません」「どのみち、私が事件として処理することはできません」なる弁解も、太宰府事件における「今のところは脅迫だと断定できない」「どうしようもないという状況という感じではないので」「あれなので」「あれだと思うので」（??）なる意味不明の弁解と、全く同種の臭《にお》いがします。また私達の当該《とうがい》経験においては、結局、窓口あるいはゲートキーパーとして立ち塞《ふさ》がった嘘吐き警察官の壁を突破することができませんでしたが——要は上司上官なり署長副署長なりにアクセスすることができませんでしたが——やはり太宰府事件においても、被害者遺族の方々は当該《とうがい》巡査1人にブロックされ、その個人的判断で『追い散らされて』います。報道を見るかぎりはそうです。言い換えれば、実の所は、警察に全く対応してもらえなかったのです。何故と言って、警察は組織ですので。組織で判断し組織で動くものですので。だから階級があり指揮系統があるのです。それが、当直の窓口や当直の巡査の判断でブロックされてしまったとなれば……何の事はない、対応したのは末端の係員1人であって、警察組織でも何でもありません。実質的には、純然たる個人プレイでしょう。そしてそうした苦し紛《まぎ》れの個人プレイは、被害者にも組織にも嘘を吐いてしまったが故に、どうしても〈インチキ〉に結実してしまうものです。私達の場合、結局、警視庁P警察署の警察官は、①自転車の人身事故の捜査も、②それを統計としてカウントすることも免《まぬか》れました。インチキです。太宰府事件の場合も、担当警察官は、報道にいう『相談簿』に

「被害届等の意思」「現在のところなし」「解決」

なる記載をすることにより、①警察署長等に対して真実の報告をする義務も、②それに基づいた警察署長等の必要な指揮を受ける義務も、③だから事案の深刻さに応じた迅速な警察活動を

行う義務も、全て免《まぬか》れています。インチキです（少なくとも平成31年から、そして実質的にはそれ以前から、相談にあっては、極めて詳細かつ具体的な〈管理簿〉と〈受理票〉の作成・整備義務が課せられており、また、それらにより相談の受理状況、相談の処理状況等を、副署長・署長に報告する義務が課せられています〈平成31年3月12日付け警察庁丙総《ヘイソウ》発第25号「相談への迅速・確実な組織対応のための総・警務部門における相談の受理・点検等の実施について」〉。なお、その詳細はまた平易に述べます）。

下位の警察官の、実質的な個人プレイ。
勤務時間外等の、多忙又は人手不足な時間帯。
常識で考えて、理解不能な言い訳あるいは嘘。
上司上官等、他の警察官の不介入あるいは指揮の欠如。
結果としての、義務の懈《け》怠《たい》（サボり）――

こうした悪夢のような要因は、「事件でなければ動けません」問題にほぼほぼ共通するもので、言い換えれば、事態がこういう要因を備え始めたとき、市民の側は重大な不利益を受けるおそれがあると、こう言えます。

重ねて、太宰府事件と比較して私と私の親族の不利益はまさか重大とは言えませんが、『50円玉をポケットに突っ込んだ制服警察官』も、『傷害の被害申告を脅しで潰そうとした刑事』

も、こうした要因を自ら用意していますし、こうした臭いを自らプンプン発しています。少し毛並みの違う『保険会社に個人情報を言えと怒鳴った交通警察官』とて、被害者の話をろくに聴かず、また通《とお》り一遍《いっぺん》のいい加減な実況見分しかしなかったため、小学生のひき逃げなる重大事案において、まさかの『不起訴』なる不利益をもたらすこととなっています。

——さてそうした私達の経験は、東京のＰ・Ｑ・Ｖ・Ｘ警察署に係るもの。太宰府事件は、佐賀県の鳥栖警察署に係るもの。そして各都道府県警察は、それぞれ別個独立で、組織文化も大きく異なる別会社です。だのに、右のような共通の臭いをまとい、共通のパターンを示していることを考えると……それは全国警察に共通する宿痾《しゅくあ》・持病なのではないかと結論付けたくもなります（ちなみに私は関東の他県にも近畿にも四国にも勤務したことがありますので、実際に比較しているのは、何も東京と佐賀だけではありません）。

そこで、この結論を駄目押《だめお》しするため、ここで、埼玉県の上尾《あげお》警察署に係る悪名高き〈桶川《おけがわ》事件〉を御紹介しておきたいと思います。

——なお付言《ふげん》すれば、当該《とうがい》〈桶川事件〉の被害者遺族の方は、酷似《こくじ》した構造を有する太宰府事件の発生に際し、

「家族が警察に何度も助けを求めているのに、警察の対応が酷くて、話をきちんと聞かないという点では私たちの家族に起きた事件と同じだと思います」

「私たちの場合は、犯人の恫喝を録音したテープを警察に持って行ったのに警察は動いてくれず、そのテープもどこかに行ってしまい……今回の事件でも、脅迫の証拠になり得る録音音声があったのに、警察は自分たちでそれを確認しようとせず、家族に文字起こしして出せとまで言ったわけですよね」

「(桶川事件から) 20年が経ったというのに、警察はまだこんなことをしているのかと思います」

と、非常な憤《いきどお》りを示しておられます(週刊新潮令和2年11月19日号・抜粋、改行挿入)。

桶川事件——警察永遠の十字架

平成11年7月13日、埼玉県上尾《あげお》市内の女子大生(21)の自宅付近などに、女子大生の名誉を傷付ける中傷ビラが多数枚貼《は》られた。また同年8月23日以降、女子大生の父親の勤務先などに、多数の中傷文書が郵送された。

管轄の上尾警察署がこの名誉毀損《きそん》事件を捜査中の同年10月26日午後0時55分頃、女子大生は、同じ埼玉県の桶川《おけがわ》駅西口路上で殺害されてしまった。よって埼玉県警察は、同年12月19日に実行犯Dを、次いで同20日に共犯者E・F・Gを、殺人罪で逮捕した。

しかしながら、女子大生の元交際相手であり、主犯であるCは逃亡して所在不明となった上、翌平成12年1月27日、北海道の屈斜路《くっしゃろ》湖畔で自殺しているのが発見された。Cの刑事処分は被疑者死亡・書類送致となった。

ところがその後、同年3月頃、メディアや国会が、中傷ビラ等に係る名誉毀《き》損《そん》事件の捜査をめぐり、上尾警察署に極めて不適切な対応があったのではないかと厳しく指摘した。よって埼玉県警察において事実関係を調査した結果、次の事実が判明した。

殺人事件発生前、女子大生と母親が上尾警察署を訪れ、女子大生の元交際相手（C）から何度も電話があったり自宅に押し掛けて来られたりしてトラブルになっている、と相談した際、上尾警察署員が、「民事のことに首を突っ込むと、こちらも困る」などと発言したこと

中傷ビラを受け、女子大生が名誉毀《き》損《そん》事件として告訴をしたところ、告訴を受理した日以降も、上尾警察署刑事二課長らが、女子大生らの訴えや相談に真摯《しんし》に対応せず、極めて緩慢《かんまん》な捜査しかしなかったこと

加えて、告訴の取下げ要請ととられても仕方のない不適切な発言・働き掛けを繰り返した上、女子大生の供述調書の改ざんを行ったこと（虚偽公文書作成等の刑法犯まで行ったこと）

結果、関係警察官に対し、次のような懲戒《ちょうかい》処分・刑事処分が行われた。

・上尾警察署刑事二課長　懲戒免職。懲役《ちょうえき》1年6月・執行猶予《ゆうよ》3年
・同課警部補　同右
・同課巡査長　懲戒免職。懲役1年2月・執行猶予3年
・上尾警察署刑事次長　減給一〇〇分の一〇、4か月
・上尾警察署長　減給一〇〇分の一〇、2か月
・上尾警察署副署長　戒告《かいこく》
・埼玉県警察本部刑事部長　減給一〇〇分の五、1か月
・埼玉県警察本部長　減給一〇〇分の一〇、1か月

この事件を安易に、端的《たんてき》にまとめたくないのですが、敢えてまとめれば、これは『異様で鬼畜なストーカーが逆恨《さかうら》みに逆上《のぼ》せあがって起こした、白昼堂々《はくちゅうどうどう》の殺人事件』『異様で鬼畜なストーカー行為への対処を幾度も求められたのに、それをほぼガン無視した警察』という、唾棄《だき》すべき犯罪者と恥ずべき警察官の物語です。

埼玉県警察においてこの事件は、かつては「埼玉県警察が永遠に背負ってゆかなければならない十字架」と教養《キョウヨウ》されていました。それは今もそうだと聴き及んでいます。また警察庁とし

ても、かつては、全国警察において新たに警部に昇任した者全員に、少なくとも2時間40分、この桶川事件についてのみ小集団討議をさせていました。今はどうなのか分かりませんが……

いずれにしましても、この〈桶川事件〉こそは、本書のテーマである「事件でなければ動けません」問題が最初に顕在化《けんざいか》し、ケシカランものだと市民にひろく認知され、よって警察が未《み》曽《ぞう》有の社会的非難を浴びた、ほんとうにエポック・メイキングなものです。今では当然のものとしてフル稼動《かどう》している〈ストーカー行為等の規制等に関する法律〉も、まさにこの事件を契機として、ゆえにこの女子大生さんの死を礎《いしずえ》に、その翌年、平成12年に施行《せこう》されたものです。警察が適切に権限を行使しないこと＝警察の不作為《ふさくい》は裁判でも糾弾《きゅうだん》され、よって全国警察の組織文化が検証され、警察部内《ブナイ》では有名な、平成12年からの『警察改革』にもつながりました。警察からすれば、戦後最大の危機的瞬間というか危機的時期、それを象徴するのがこの〈桶川事件〉です。

私は平成1桁《ひとけた》拝命の警察官ゆえ、事件も非難もリアルタイムで経験・認知した世代です。また学校教官なんぞを務めている際、右の2時間40分の小集団討議をも担当していたものですから、警察が激昂《げっこう》する世論に文字どおり『激震』したことを含め、〈桶川事件〉のことは生涯忘れられません。といって、内容が余りにも残酷で痛ましいゆえ、たとえ令和拝命である警察官にとっても常識でしょうし、むろん市民の記憶も今なお新しいというか、忘れようとしても忘れられない、そんな感じではないかと拝察します。

また、右にまとめた事実の概要は、太宰府事件と異なり、裁判所の確定判決等を経たもの。要は、我が国において既に事実として確定したものです。ゆえに例えば、警察に反論の余地などありません。しかしながら、確定した事実だけをまとめても、その残酷さ・痛ましさは充分伝わりません。問題点を整理することも容易ではありません。

そこで、前節で提示した『悪夢のような要因』のそれぞれにつき、〈桶川事件〉ではどのような具体的言動等があったのかお示ししますと（出典は、埼玉県警察の検証報告書等、警察側の事実認定内容です）――

下位の警察官の、実質的な個人プレイ

そもそも、本件事件を担当すべき係（上尾警察署刑事二課知能係）には実働員が4人いたのですが、うち1人（巡査部長）は別事件の捜査本部の応援に出ていて終始不在。うち1人（巡査）は経験が浅く独り立ちしていない。うち1人（警部補）はいわゆる不良《ゴンゾウ》警察官で全くやる気なし……よって、本件事件の捜査を地道、誠実かつ真面目に行っていたと認定されたのは、残る1人（巡査長）だけでした。

ちなみに、本件事件を管理職として指揮すべき警部は、実は捜査経験が浅く、部下職員の捜

査管理をすることも、自ら捜査員として捜査を実施することもできていませんでした。

勤務時間外等の、多忙又は人手不足な時間帯

例えば、「告訴を受理する」と女子大生らに約束しておきながら、約束の日に女子大生らが来署すると、右の警部は「今日は事件があって担当者がいないので、また改めて来てもらえますか」「電話で連絡しますので」と門前払いしてしまいました。また、この警部の指揮を受け捜査をすべき実働員が、事実上1人だったことは右のとおりです。

ちなみに、今現在の知識はありませんが、当時の上尾警察署は、慢性的に多忙・人手不足だったと言えます。繁華《はんか》な大宮《おおみや》に隣接しており、ゆえに警察の取扱いは膨大《ぼうだい》になりますが、しかし自治体自体は大きくないので、警察署もまた充分に大きくない。要は定員が必要数に対して少ない。少ない定員で膨大な取扱いを処理するとなれば、激務を強いられるのは当然です。

ゆえに、本件事件の動機……本件不祥事の動機として裁判所は、要旨《ようし》『管理職が未処理の告訴件数増加を嫌ったこと』『管理職が、いつも最下位近くにいる上尾警察署の成績が更に悪くなってしまうと考えたこと』を指摘しています。

常識で考えて、理解不能な言い訳あるいは嘘

女子大生らの相談に対応した刑事が、「相手の男も一番燃え上がっているところだよ」「民事のことに首を突っ込むと、こちらも困る」と発言してしまっています。

また別の日には、相談に対応した警部が（先程《さきほど》から登場している警部です）「告訴がなければ動けない」「嫁入り前の娘さんだし、裁判になればいろいろなことを聞かれて、辛い目に遭《あ》うことがいっぱいありますよ」「告訴は（大学の）テストが終わってからでもいいんじゃないですか」と告げてしまいました。

はたまた別の日には、当該《とうがい》警部が「こういうのはじっくり捜査します」「警察は忙しいんですよ」「ケースバイケースですよ」と発言するに至りまして……これについては、警察の内部調査結果ですら、『告訴事件捜査の業務負担を回避しようという意識によるもので……極めて不適切』と断じています。

ここで、告訴事件捜査の業務負担というのは、また後刻論じますが、要は被害届と告訴とでは、警察に与えるインパクトが異なるということです。ここではシンプルに『告訴事件となると（告訴を受理すると）厳しい業務管理を受ける』とだけ考えてください。

ゆえに、右の警部の命令で捜査に従事することとなった巡査長が、女子大生の母親に対し、「告訴は一旦なかったことにしてもらえませんか」「告訴状は犯人が捕まってからでも間に合いますよ」と発言してしまうこととなりました（詳論する紙幅《しふく》がありますまた、簡単に出せます。

せんが、この巡査長はむしろそのように誘導するよう強いられたと言ってよく、よって右の発言も、彼の本意ではありませんでした。また右の発言内容も、警察部内《ブナイ》の実務テクニック論としては、ここが摩訶不思議《まかふしぎ》というか話の理解を極めて難しくする箇所なのですが、実は『告訴の取下げ』を意味しません――しかし巡査長の真意なり主観なりが警察官以外に伝わるはずもなく、女子大生の母親は文字どおり・言葉どおりの『告訴の取下げ要請』と理解しました。無論、非《ひ》は全て警察にあります）。ともあれ、告訴の取下げというのは要は処罰意志の撤回ですから、それを警察から働き掛けるとすれば論外ですし、いったん告訴を取り下げれば、刑事訴訟法がハッキリ規定するとおり、再度の告訴は不可能となります。よって「また、簡単に出せますよ」という発言は（これも真意は違うのですが……）、客観的には嘘です。

上司上官等、他の警察官の不介入あるいは指揮の欠如

右の警部が結局、名誉毀損《きそん》事件として告訴を受理してからも、関係書類を手元で温め続けた結果、上司である警視の決裁・指揮を受けたのは、なんと告訴受理から約1か月後でした。また、警察本部に対してしなければならない告訴受理の報告をしたのは、なんと、更にその約2か月後です（というか、とうとう女子大生が殺されるに至り、殺人事件の日に報告せざるを得なくなったのです）。

結果としての、義務の懈《け》怠《たい》（サボり）

　今でいうリベンジポルノに匹敵する、陰湿極まるコラージュ等からなる中傷ビラ数百枚が女子大生の自宅・大学・駅前に撒《ま》かれ／貼られたとき、女子大生の母親が朝イチで上尾警察署を訪れたものの、対応した先の警部は「すぐには行けない」「家に帰って待っていてください」と答え、そのような中傷ビラを放置したまま、ようやく昼前（午前11時15分頃）に実況見分を開始しました。その理由は明らかになっていません。

　加えて、先のとおり関係書類を温めたり所要《しょよう》の報告を握ったりしていましたので、告訴受理から約3か月間、積極的な捜査をまるで実施しませんでした。これについては、これまた警察の内部調査結果ですら、『名誉毀《き》損《そん》事件の重大性の認識を欠き……捜査の進捗《しんちょく》が極めて緩慢《かんまん》なまま放置したもの』と断じています。

　その上、事案の概要で触れたとおり、関係警察官はとうとう刑法犯まで犯しました。「告訴は一旦なかったことにしてもらえませんか」という発言を既に見ましたが、そうなると、そのストーリーに沿った捜査書類を整えなければなりませんので――要は嘘を糊塗《こと》し、サボりを誤《ご》魔《ま》化《か》さねばなりませんので――女子大生の供述調書、母親の供述調書、実況見分調書、捜査報告書といった捜査書類を、勝手に書き換えてしまう〈虚偽公文書作成罪〉を犯しました。やはり、嘘は〈インチキ〉に結実するのです。

警察の宿痾《しゅくあ》と市民の立場

以上、本章では〈太宰府事件〉〈桶川事件〉、そしてささやかながら、私と私の親族の経験を御紹介しました。これらに鑑《かんが》み、「事件でなければ動けません」問題は、全国警察の宿痾《しゅくあ》・持病だと考えざるを得ません。そしてその宿痾・持病は、再論すれば

下位の警察官の、実質的な個人プレイ
勤務時間外等の、多忙又は人手不足な時間帯
常識で考えて、理解不能な言い訳あるいは嘘
上司上官等、他の警察官の不介入あるいは指揮の欠如
結果としての、義務の懈怠《けたい》（サボり）

といった要因から発症し、あるいは重症化するらしいことも解りました。すると、警察にアクセスし、警察に救いを求める市民としては、思うに、次の2点を意識すべきでしょう。

第1に、「事件でなければ動けません」を「動きます」に変えさせるためには、右のような発症要因・重症化要因の、真逆をゆく作戦を立てるべきだということ。というのも、発症等の要因が判明しているのなら、それを潰《つぶ》し、それと逆さまの健康法を実施するのが合理的だから

です。

第2に、そうした作戦・健康法を実施するためにも、敵、いえ相手《あいて》方《かた》の出方やメンタリティを知っておくべきだということ。というのも、「事件でなければ動けません」を「動きます」に変えさせるためには、当然、こちらからの〈働き掛け〉が必要だからです。両者による〈コミュニケーション〉が必要だからです。そしてそれによって相手方の行動を変容させるためには、①相手方がそもそもどのようなメンタリティを持ち、②どのようなリアクションをしがちで、あるいは、③どのような制約と束縛を受けているのか、④ゆえにどこまで歩み寄りができるのか――等々を、時に相手方の立場に立ってみて、考えなければならないでしょう。

ここで成程《なるほど》、私達の税金で動いている公務員の心情など顧《かえり》みてやる必要などなく、公務員はただ、市民の要求に応じて動けばよいのかも知れませんが……しかしヒトとヒトとがコミュニケーションをし、共通の目的を達成しようとするとき、そこで必要かつ合理的なのは互いの〈受容と共感〉であり、またそれに基づく〈協働〉〈共同作業〉のはずです。特に警察官など、被害者とともに泣いてナンボのはずです。まして、どれだけケシカラン警察官が実在したとして、30万警察職員のほとんどは、正義感が強いからこそそんな職業選択をしたはずです。

よって、「オマエがそれをやるのは義務でアタリマエだろう？」という命令－強制－上下関係でなく、「お互いいろいろ立場はあるけれど、まさか敵ではないし目的は一緒なのだから、どうにか解決法を探そう」という話し合い－合意－同盟関係によって、行動の変容をうながし、目的の達成につなげる方が合理的です。医学用語に〈治療同盟〉という言葉がありますが、まさに警察と市民も、事件事故あるいはそれに伴う権利の侵害、安全安心の侵害という疾患《しっかん》を治療すべき、同盟関係に立つべきです。

したがって。

次章以降は、右の第1（「動きます」に変えさせるための作戦）、そして右の第2（相手方を知ること）について、可能なかぎり具体的・実用的に論じます。

加えて——市民と警察は断じて敵同士ではありませんが——『彼を知り己《おのれ》を知れば百戦殆《あやう》からず』と言いますから、まず先に右の第2、すなわち警察のメンタリティ・リアクション・制約と束縛等について、本書のテーマに即して検討してみましょう。

第2章 動かない理由、動けない理由

警察が動かないのはケシカラン、と言うのは容易ですし、それに伴う警察不祥事の概略を知ることも難しくありませんが……市民が警察に救いを求めるとき、その目的を達成するためには、「何故警察は動かないのか？」という理由・文化・メンタリティを理解しておくに如《し》くはありません。それは無論、〈協働〉〈共同作業〉〈治療同盟〉のためです。

そしてそのような理由・文化・メンタリティには、合理的なものもあれば、非合理的なものもあります。適法・妥当なものもあれば、違法・不当なものもあります。

よって本章ではまず、昭和戦後期から平成半ばまでの警察史において、警察を呪縛《じゅばく》し続けてきた有名な……あるいは悪名高い……〈民事不介入《みんじふかいにゅう》の原則〉を御紹介するとともに、これ同様、警察を動かなく／動けなくしてきた警察史的・警察文化的事情を概観します。

端的《たんてき》には、『警察の言い分』『警察官の言い分』も、知っておいていただきたいと思うのです。それが市民にとって許せるものであるにしろ、許せないものであるにしろです。それは同盟関係の基盤である、〈受容と共感〉への第一歩でしょう。

いわゆる『民事不介入の原則』の呪縛

(1)民事とは何か？

まず、そもそも〈民事《みんじ》〉とは何でしょうか？

厳密な定義はないのですが、私人《しじん》の基本的な日常生活のルールや、私人どうしの一般的な関係のルールから生まれる、諸々《もろもろ》の出来事のことを、一般に〈民事〉と呼んでいます。

例えば、友人にお金を借りるのは民事です。公務員と関係しているわけではありませんし、お金の貸し借りは私人どうしの日常生活のルールによって生じ、またそれによって処理される出来事ですから。同様に、落とし物を拾い／拾われることも、結婚・離婚をすることも、家を買うことも、子供の保護者の務めを果たすことも、起業することも、財産を相続することも民事です。読者の方も銀行口座を開設したり、クレジットカードを利用したりするでしょうが、まさかそこにお役所等の許可はいりませんし、お役所等の介入を受けることはないでしょう。

⑵民事と刑事事件

では、交通事故を起こしてしまうことはどうでしょうか？

例えば、読者の方が小学生をひき逃げしてしまったとします。これは犯罪です。ゆえに犯罪の被疑者として公務員に捜査され、公務員に起訴され、公務員による裁判を受け、公務員によって刑を執行される。これは、まさか私人の基本的な日常生活でも、私人どうしの一般的な関係でもありません。これらの出来事は民事でなく〈刑事《けいじ》〉〈刑事事件〉です。

ところが。

すぐ御想像していただけるとおり、事《こと》は交通事故事件です。よって、被害者の小学生に『損害賠償をする』など、相手《あいて》方《かた》の私人に償《つぐな》いをしなければなりません。そして、損害を与えてしまった相手方に『お金を払う』となると、これは私人どうしの一般的な関係ですので――例えば物件事故を起こしてしまったとき、相手方に幾らお金を支払うかはまさかお役所等が決めてよいことでも決められることでもなく、民間の保険会社等が入って示談をしますよね――この出来事について見れば、これは〈民事〉です。

このように、交通事故の例を引くと、①民事と刑事事件の違いが解りますし、②1つの事件が『民事でもあり刑事事件でもある』という場合があることも解ります（事《こと》は何も交通事故に限った話ではなく、例えば『JR山手線内で大学生を殴ってしまった傷害事件』であれば、それは、捜査・起訴・裁判・刑の執行といったルートでは〈刑事事件〉であり、大学生への損害賠償といったルートでは〈民事〉となるわけです）。

よって、右の②のときは、それは、純然たる民事とは言えなくなります。

(3)純然たる民事と警察

先に述べた、友人からの借金、物件の拾得、婚姻、不動産の売買、保護者としての行為、会社の設立、相続といった出来事は、普通に考えて〈純然たる民事〉です。堅い言葉で言えば、私人の自治・私人間《かん》の自治に委ねられるべきものです。

読者の方がスマホを買い換えようとするとき、警察官が「あなたにはAndroidがいいでしょう、そうしなさい」などと介入してくることはあり得ませんし、読者の方が数年来の恋人と海外挙式しようとするとき、警察官が「そもそも贅沢《ぜいたく》だし、親御さんや親族さんの旅費をどうするんだ」などと介入してくることもあり得ません。読者の方が友人から借りた本を無くしてしまったときも、警察官が「東野圭吾《ひがしのけいご》のサイン本とのことだから、お詫《わ》びは100万円でいいだろう。話を付けてやる」などと介入しては来ないでしょう。

というか、介入できません。

そうしたことは、私人の自治・私人間《かん》の自治に——当事者の自由な決定・約束に——委ねられるべきもので、そこに警察が口を挟《はさ》むのは大きなお世話であるばかりか、不適正で、時に違法にすらなりかねません。

というのも、法律によって、警察にできることというのは規定され、限定されているからです。具体的には、〈警察法〉という名の法律があり、その第2条が

「警察は、個人の生命、身体及び財産の保護に任じ、犯罪の予防、鎮圧及び捜査、被疑者の逮捕、交通の取締その他公共の安全と秩序の維持に当ることをもつてその責務

とする。」

と規定してしまっています。すなわち警察は、この警察法第2条が規定する責務に任じ、よって、この責務の範囲内のことはできますししなければなりませんが、裏から言えば、この責務の範囲に含まれないことは基本、できませんししてはなりません。

そして前述の、スマホがどうだ挙式がどうだ賠償がどうだといった出来事、ことがらは、普通に考えて〈純然たる民事〉です。前述の、警察官の各種お節介《せっかい》とて、どう考えても、まだどう条文を読んでも、警察の責務には含まれません。ここで重ねて、警察は基本、警察の責務に含まれないことはできないししてはならないのです。それは、戦前の警察がどれだけ思想統制、表現規制その他のお節介をしたか、そしてそれがどれだけ市民の権利を侵害したか、その歴史を回顧してみれば、容易に理解していただけるでしょう。

以上をまとめますと。

①警察は基本、〈警察の責務〉に含まれないことはできません。②〈純然たる民事〉は、警察の責務に含まれません。したがって、③警察は〈純然たる民事〉に関与することができません。

この意味において——すなわち『純粋な、純然たる民事の出来事・ことがらに、警察は介入できない』という意味において、民事不介入という考え方は、間違ってはいません。

ところが……

昭和戦後期から平成半ばまでの警察史を踏まえると、間違ってはいないはずのこの考え方が、警察自身の問題と市民の問題とが相俟《あいま》って、恐ろしい呪いの言葉となり、警察を呪縛《じゅばく》することとなりました。市民の権利を守るための考え方が、あの〈桶川事件〉に代表されるように――そして令和の今でも〈太宰府事件〉の発生を見たように――市民を苦しめ、果ては死なせるイデオロギーになってしまったのです。

⑷民事不介入の誤解・曲解《きよつかい》

〈民事〉に厳密な定義はありません。それゆえ〈民事不介入〉〈民事不介入の原則〉も厳密に定義できません。言葉の遣《つか》い手《て》によってどうとでも定義できます。これは要は、警察自身も市民も、言葉を選ばなければこれを『悪用できる』『濫用《らんよう》できる』ことを意味します。事実、そうされてきました。

警察は……厳密には不良《ゴンゾウ》警察官は……〈民事不介入の原則〉をどう悪用・濫用したか？

サボタージュの言い訳に用いたのです。

手口はこうです。自分の所に事件が持ち込まれ、被害申告があったとき。そこにどうにかして、〈民事〉〈民事トラブル〉の要素を見付ける。どんな民事トラブルでもいい。お金の貸し借り、男女関係、親子関係、契約関係……またそれがどれだけ些細《ささい》で、全体に占めるウエイトがどれだけ小さくてもいい。結果、幸運にも民事トラブルの要素を発見できれば……あとはパターンに入ります。「すみませんねえ、警察には民事不介入って厳しい原則があって。この場合、お金の貸し借りによる問題ですから（お嬢さんと彼氏さんとのプライベートな問題ですから）（御家庭の中でしっかり話し合っていただく問題ですから）、要は完全な民事なんです。そして警察は、そういう民事のトラブルには、絶対に介入できないことになっているんですよ、すみませんねえ」。後は何を言われようとこの繰り返し。市民が根負けするまで繰り返し。

というか、平成半ばまでの警察史を踏まえると、これはいわゆる〈民ゴタ〉＝〈民事のゴタゴタ〉の優秀な処理、見事な処理として、捜査員必須の能力とみなされていたり、捜査員の能力評価の一基準とされていたりしており……

……無論、全国警察の全警察官がそうだったなどというバカな話ではありません。飽くまで不心得《ふこころえ》で不埒《ふらち》な不良警察官や不良管理職についての話です。ですが、そもそも「個人の生命、身体及び財産の保護」（警察法第2条）を旨《むね》とする組織において、〈民ゴタ〉なる用語・概念が堂々と用いられていた時点で（私の世代なら生き証人になれます）、往時《おうじ》の警察文化がどのようなものであったか、知れようというものです。

まして、右の撃退パターンは、ほとんどの場合、嘘を含むものでありインチキです。というのも、既に交通事故の例で見たように、この世には『民事でもあり刑事事件でもある』という出来事が存在する……むしろ腐るほど存在するからです。そしてそのような出来事については、警察が対処しなければなりません。当然のことです。刑事事件でもあるというのなら、それは当然に〈警察の責務〉に含まれるからです。ところが、サボタージュをする不良警察官《ゴンゾウ》は、①刑事事件でもあるという側面をガン無視しあるいは聴き取りもせず、②民事の側面のみを殊更《ことさら》に採り上げ、③それが純然たる民事であるかのように嘘を吐き、だから警察の責務に含まれないと嘘を吐き、④当然実施すべき捜査その他の警察活動をまるでしない。

これはインチキで、破廉恥《はれんち》です。

しかしながら……

市民もまた、〈民事不介入の原則〉を悪用・濫用《らんよう》してきました。正確に言えば、警察を敵視し、警察活動を妨害しようとする市民もやはり、この〈民事不介入の原則〉を利己的に解釈し、不当なかたちで振り翳《かざ》してきました。

典型的には、暴力団員、今で言うストーカー、今で言うDV男、児童の虐待者、特定のアンチ警察の方々等がその悪用者・濫用者です。そして悪用・濫用の手口は、実は不良警察官《ゴンゾウ》のそれと変わりません。要は、自分がやらかしている『民事でもあり刑事事件でもある』違法行為について、民事の側面のみを殊更《ことさら》に・声高に主張しつつ、「警察は自由な経済活動を妨害するな!!」「警察は個人の恋愛に口出しするな!!」「警察は家庭に入るな!!」「警察は市民のプライバシーを侵害するな!!」「警察は信教の自由を侵すな!!」「警察は表現の自由を侵すな!!」何故なら「民事不介入の原則があるだろう!!」……と来るわけです。これもテンプレというか、パターンに入ります。

このとき、対応している警察官が意志薄弱だと、むしろ安心してしまって……何せ警察官自身も〈民事不介入の原則〉を定義したり深く考えたりしませんでしたから……「それなら仕方ないなあ」と思い、はたまたひょっとしたら「それはラッキーだ」と思い、とっとと撤退します。また、対応している警察官が意志堅固だとしても、往時の時代背景からしてメディア・学者・弁護士等々がこぞって敵方に付いてしまいますので（令和3年の今でさえ、警察のことを『市民の抑圧者』『弾圧者』としか考えないレトロな方々はおられますよね……）、極めて慎重にならざるを得ません。

そのようなわけで、〈民事不介入の原則〉は、悪意ある市民にとって魔除《まよ》けの御《お》札《ふだ》、錦《にしき》の御《み》旗《はた》となり、端的《たんてき》には警察を牽制《けんせい》・撃退する武器となっていたのです。

以上をまとめますと。

実は誰もよく内容を詰めていなかった〈民事不介入の原則〉は、警察によるサボタージュの口実ともなれば、市民による警察撃退の口実ともなっていた、それが昭和戦後期から平成半ばまでの警察史において顕著《けんちょ》だった、ということです。

文学的に言えば、民事不介入という呪い、民事不介入という呪縛《じゅばく》が顕著な時代でした。

現代における〈民事不介入の原則〉――そもそも存在するのか？

再論すれば、純然たる民事に、警察が関与することはできません。「その茶髪にピアスはケシカランな、明日の朝までに改めるよう」「あなたの今月のお小遣いは、まあ1万円が妥当でしょうね」「学生結婚の上、お子さんまで作るのはどうかと思いますよ……」「その示談交渉は舐められています、2割増しにするよう吹っ掛けては？」「今時リボ払いにさせるなんて常識を疑いますよ、私がカード会社に気合いを入れましょう」等々とのたまう警察官は絶無《ぜつむ》のはずです。まあそこまで暇《ひま》じゃないというのが実際ですが、そもそもそのように関与することは、警察法第2条に規定する〈警察の責務〉に含まれないからです。

ゆえに。

『純然たる民事に、警察が介入してはならない』という意味なら、令和3年現在においても、〈民事不介入の原則〉は存在するし、間違ってはいません。

しかし、右の例を見ても解るとおり、常識論としてそんなことはアタリマエですし、法律論としても、『警察は、警察の責務に含まれない活動をしてはならない』としておけばそれで充分でしょう。それをわざわざ〈民事不介入の原則〉なる、もっともらしいけれど内容不明な御《お》題目《だいもく》で表現することはないと思います。

まして、既に概観した警察史を踏まえれば、この御《お》題目《だいもく》は警察活動を消極的にし、萎縮《いしゅく》させ、任務《にんむ》懈《け》怠《たい》を許し、あるいは妨害するものともなります。よって、誤解・悪用・濫用を防ぐ観点からは、もう使わない方がいい、歴史的役割を終えた、とも考えられます。

——ここまで刺激的な言葉を用いるかは別として、〈民事不介入の原則〉の問題点、あるいはそれが発生させてきた問題点は、現代の警察において充分理解されまた教養《キョウヨウ》されており、よって、警察庁でも平成11年発生の〈桶川事件〉の反省教訓として、『「民事不介入」についての誤った認識を払拭《ふっしょく》させなければならない』という提言が出されて久しいのですから（平成12年7月13日「警察刷新《さっしん》に関する緊急提言」、傍点筆者）。

ゆえに、現代の警察においては、

たとえ純然たる民事であるかのように見える場合であっても、いささかでも何らかの事件性が疑われるなど、積極的に警察措置を講じるべきと認められるときは、むしろ躊躇《ちゅうちょ》せず介入すべきだ、介入を躊躇《ためら》っていてはならない——

という旨《むね》の考え方が採られているはずですし、そうあるべきだと思います。というのも当然のことだからです。何故当然かは言うに及ばずですが……この場合の警察措置は『警察の責務に含まれる』からです。

以上をまとめますと。

①『純然たる民事に介入できない』という意味なら民事不介入の原則は生きているが、②これは歴史的事情から誤解を招く概念であるため、③現代の警察実務においてはまず用いられないし、④今はむしろ事案の事件性や警察措置の必要性を重視して、⑤一見《いっけん》民事とされる事案への積極介入方針が採られている――ということになります。更に端的《たんてき》には、民事不介入の原則は、極めて狭い意味で生きているけれど、過去の用法は既に『乗り越えられ』『アップデートされ』ました。

無論、30万警察職員がそれをどれだけ咀嚼《そしゃく》しているかは市民として気になりますし、まして〈太宰府事件〉の発生に鑑《かんが》みれば、誤った認識の払拭《ふっしょく》状況は不断に検証されるべきです。アップデートされたものが、再び御《お》題目《だいもく》で終わってしまっては意味がありません。

民事不介入の原則と「事件でなければ動けません」

本書のテーマ「事件でなければ動けません」と、縷々《るる》御説明してきた〈民事不介入の原則〉は、もちろんコインの裏表、あるいは同じ命題の言い換えです。

ここで、かつての不良警察官のサボり方を思い出してください。それは、

Ⅰ　［民事の側面］と［刑事事件の側面］とをともに含む事案について
Ⅱ　［刑事事件の側面］をまるで無視して
Ⅲ　［民事の側面］だけを強調し、介入できないと嘘を吐く

という手口でしたが、このⅡこそまさに「事件でなければ動けません」だからです。刑事事件の側面をまるで無視し、「刑事事件でない」と勝手に断定しているからこそ、「事件でなければ動けません」となるわけです。もちろんこれは、Ⅲのとおり「民事なので動けません」と言い換えることができます。よって「民事なので動けません」＝「刑事事件でないので動けません」＝「事件でなければ動けません」となります。この意味において、民事不介入の原則の問題は、本書にとっても極めて重要でした。いささか小難しい話を、しかも長々とした所以《ゆえん》です。

これを具体例で見れば、ちょうど〈太宰府事件〉が、警察として相談を受けた範囲では

Ⅰ　［金銭トラブル］と［脅迫］とをともに含む（可能性がある）事案なのに
Ⅱ　［脅迫］の側面は結果として無視され（「解決」として処理）
Ⅲ　［金銭トラブル］によって直ちに危害が及ぶとは認識しなかった

という構図になりますし、そもそも右の［金銭トラブル］を［恋愛感情のもつれ］と、［脅迫］を［名誉毀損《きそん》］と読み換えれば、そっくりそのまま〈桶川事件〉の構図になります。

すると、これもまた……

特に右のII、『刑事事件としての側面が敢えて／何故か無視される』という要因が、悪夢のような型、悪夢のようなパターンになっている。「事件でなければ動けません」という警察の宿痾《しゅくあ》・持病の、発症要因・重症化要因となっている。

ここで、こうした要因についてはこれまでに、

下位の警察官の、実質的な個人プレイ
勤務時間外等の、多忙又は人手不足な時間帯
常識で考えて、理解不能な言い訳あるいは嘘
上司上官等、他の警察官の不介入あるいは指揮の欠如
結果としての、義務の懈《け》怠《たい》（サボり）

の5つを提示してきたところですが、右の検討を踏まえまして、一部内容が重複することを承知しつつ、この

刑事事件としての側面が無視される

を、6番目の要因として考えるべきだと思います（なお重要性等に違いはありませんので、順《じゅん》不《ふ》同《どう》です）。

動きたくとも動けない場合はある!!

さてここまで、〈民事不介入の原則〉を中心に、警察にとって厳しい内容を書き連《つら》ねてきましたが……

しかしそれとは真逆に、①本当に、真実「事件でなければ動けません」という場合はありますし、そのような場合以外にも、②警察が動けないことについて、充分に真っ当な理由のあるケースはあります。

要は、まさかサボタージュなどする気もなく、できることなら積極的に警察措置を講じたいのだけれど、しかし本当に、真実「動きたくても動けません!!」となってしまうケースはあります。それを述べなければ警察／警察官に対してフェアではありません。以下、現場警察官なら誰でも経験する実例を検討します。

法令上不可能であるとき

先に、警察官ができることは『警察法第2条に規定する、警察の責務に含まれることに限られる』という話をしましたが、なら逆に、『〈警察の責務〉に含まれることなら何でもできるのか？』と言えば、もちろんそうではありません。特に具体的な事案への対応を想定したとき、警察官ができること、警察官が動くことには大きな制限・制約がかかっています。

　例えば、逮捕、捜索（ガサ）、保護、警告、禁止命令……といった警察官の〈権限〉について考えると、まず、誰かの権利を制限したり、誰かに義務を課したりする〈権限〉を行使するためには（逮捕はその典型例ですね）、具体的な法律の根拠が必要です。それは刑事訴訟法であったり、警察官職務執行法であったり、ストーカー行為等の規制等に関する法律であったりしますし、それ以外の数多《あまた》の法律であったりしますが——要は、ちゃんと国会を通った〈法律〉というルール、ちゃんと国会で制定された〈法律〉という明文がなければ、誰かの権利を制限したり、誰かに義務を課したりすることはできません。裏から言えば、役所限りで制定した規則なり通達なりで、そのような権限行使をすることは絶対にできません。

　これについて、イメージ優先の説明をすれば——

警察法第2条の〈警察の責務〉は守備範囲、縄張り、グラウンドを示すものであり、そのグラウンド内においてどのようなプレイができるかは、刑事訴訟法、警職法といった、また違う個別具体の法律が決めていると、こういうことになります。

　ですので、たとえ〈警察の責務〉というグラウンドに入る事案であっても、だから総論としては警察が動けるときであっても、各論として、その事案に対し〈権限〉を行使しようとするときは——少なくとも誰かの権利を制限したり誰かに義務を課す〈権限〉を行使しようとするときは——数多《あまた》ある法律の数多《あまた》ある条文を検討し、『じゃあいったいどんなことができるんだろう？』ということを、改めて検討しなければなりません。

そして、逮捕なら逮捕、捜索なら捜索で、『どんなときにそれができるのか？』ということは、極めて厳密に定められています。言い換えれば、再びイメージを優先させれば、

要件A、要件B、要件C、要件D……を全部満たしたとき、逮捕できる

要件1、要件2、要件3、要件4……を全部満たしたとき、禁止命令が出せる

という形で、〈権限〉とそれが要求する〈前提条件〉は、全て、厳密に、明文で規定されています。

ですので例えば、事件事故の深刻な被害に遭《あ》った市民が「どうしてすぐに逮捕してくれないんだろう？」と疑問に思うようなときでも（市民どころか市民社会が激昂《げっこう》した事例として、平成31年には所謂《いわゆる》『池袋暴走事故』がありましたね）、法律の定める逮捕の要件が全て満たされないかぎり、「警察としてもすぐ逮捕したいんだが、要件Cが満たされないので、どう検討しても逮捕できない……」といった手詰まりに陥《おちい》るケースは自然に存在します。また逮捕の場合だと、その要件には『裁判官に令状を出してもらう』こと、要は第三者に決裁してもらうことも含まれますから、今度は「警察としてはすぐ逮捕できると考えるんだが、要件Aが満たされないと言って、裁判官が令状を出してくれない……」といった手詰まりに陥るケースも自然に存在します。

そしてそうした手詰まりのとき、直ちに動くことはもちろんできません。右の要件Cなり要件Aなりを満たすため、それなりの人的・時間的コストを投入して、必要な捜査・調査をしなければなりません。また、どれだけのコストを投入しても『結局は要件が満たされなかった』ケースとて自然に存在します。

このとき警察としては「動きたくても動けません!!」、少なくとも「まだ動きたくても動けません!!」なのですが、事件事故の深刻な被害に遭《あ》った市民としては、「警察はやっぱり事件にならないと動いてくれないいんだ……」と落胆することになるでしょう。そこにコミュニケーション・ギャップが生まれ、時に深刻な相互不信・対立に至ってしまうのも、市民・警察ともに悪くはないのですが、自然な流れです。

以上をまとめると。

市民の急訴《きゆうそ》に即応するため、〈権限〉を行使しよう、行使したいと思っても、法律の厳密な縛りによって、「動きたくても動けません!!」となってしまうことが多々あるのです。ましてその事情は、極めて専門的・実務的・職人芸的な事情であるため、説明に困難を伴うほか、専門家とお客様の間で、どうしても認識のズレが発生してしまうことがあります。

警察がどうしても〈権限〉を行使できないときは、適切な権限を行使できる他の役所にお願いして、処理を引き継いでもらうしかありません。それは盥回《たらいまわ》しではありません。誠実な処理です。できもしないことをできると言ったり、できもしないことをやると約束したり、結局やってしまったとなれば、それは危険・不適正であるばかりか違法ですから。

そしてこれらの問題は、実は〈権限〉についてだけの話ではありません。

法令の解釈・運用は高度な職人芸……

次に、犯罪の捜査を考えます。

犯罪というのは、例を挙げて説明するなら殺人、傷害、名誉毀《き》損《そん》、脅迫……といった『ワルイコト』です。もう少し厳密に見ると、これまた法律が、明文で、

　　αという行為をした者は、βの刑に処する

というスタイルで罪と罰とを規定したときの、このαが〈犯罪〉です。そしてこのβ、あるいはこの明文全体が〈罰則《ばっそく》〉です。

例えば、『殺人』という犯罪については、刑法（刑法という法律）がまさに

　　人を殺した者は、死刑又は無期若しくは五年以上の懲役《ちょうえき》に処する。

と規定しており、よって『人を殺した』が犯罪なのだと解ります。もっとも近時の立法は複雑性・専門性を増していますから、条文がより長くなったり、条文の組立て方もこのような典型的なスタイルをとらなかったりしますが、しかし〈犯罪〉は基本、右のスタイルで定められま

す。

そして実はこの〈犯罪〉についても、〈権限〉とほとんど同様の議論が成立します。〈権限〉の場合は、例えば『要件A、要件B、要件C、要件D……を全部満たしたとき、逮捕できる』と法律が規定しているため、それら全部の要件を満たすのに労苦があるのですが、〈犯罪〉の場合もまた、

要件X、要件Y、要件Z……を全部満たしたとき、αという行為となる

ということが、法律で定められているのです。これらX・Y・Z……を犯罪の、あるいはαの〈構成要件《こうせいようけん》〉と呼びます。まさに要件ですね。

ここで、右に挙げた『殺人』だと、その〈構成要件〉は『人を殺した』ということだけですから、これは犯罪としてそう複雑なタイプではありません（それでもこの『人を殺した』だけで、刑法の概説書が10頁は議論を展開してしまうほどの論点を含むのですが……）。

他方で例えば、よく検事さんが好んで講義する『詐欺《さぎ》』となると、刑法では

人を欺《あざむ》いて財物を交付させた者は、十年以下の懲役に処する。

と規定されているだけなのに、ところがこの『人を欺いて財物を交付させた』の解釈上、詐欺が成立するためには、少なくとも

要件1・欺罔《ぎもう》行為→要件2・相手方の錯誤《さくご》→要件3・財物《ざいぶつ》の処分行為

　↓要件4・財物の移転↓要件5・損害の発生

と、アブラカダブラな〈構成要件〉を満たすことが当然に必要とされてしまいます。

　この詐欺は、特にテクニカルな条文として悪名が高いのですが、しかし本質的には、この問題はどのような犯罪についても発生します。傷害についても、名誉毀損についても、脅迫についても、いわゆるストーカー規制法違反についても何についても。

　ここで、我が国には約２０００の法律があり、うち多くの法律で犯罪と罰則が——右でいうαとβが——定められているばかりか、時に、1の法律だけで50近くの罰則を用意していることもあります。したがって、我が国における〈犯罪〉と〈罰則〉は膨大《ぼうだい》な数・膨大な種類になりますし、そして先述の〈警察の責務〉からして、そうした膨大な犯罪の捜査は、まさに警察／警察官の本質的な任務です。

　とすると。

　警察官が、市民から例えば「実は最近、元恋人から、○○という行為や△△という行為や××という行為をされていて、とても困っています……」という被害申告を受けたとき、この警察官が行わなければならないのは、

　　膨大な数・膨大な種類がある〈犯罪〉のうち、いったいどれに当たるんだ？

　　膨大な数・膨大な種類がある〈罰則〉のうち、いったいどれが適用できるんだ？

という〈診断〉〈診立《みた》て〉です。

これ自体、弁護士先生もビックリの高度な法律的職人芸を必要とするのですが（お医者先生とて、初診に当たっては知識・経験をフル動員するでしょうし、知識・経験の絶えざるアップデート・お勉強が欠かせないでしょう）……仮にこの被害申告に適用できそうな〈罰則β〉が見出せたり、仮に行為○○を〈犯罪α〉と診立《みた》てることができそうだとして、更に行わなければならないのは、

なら行為○○は、犯罪αを成立させるための、要件1、要件2、要件3、要件4……を全て満たすのか？

という〈診断〉〈診立《みた》て〉です。これもまた、弁護士先生もビックリの高度な法律的職人芸を必要とします。

ここで、お医者先生が初診においては診断を付けられず、諸検査や諸検討に時間を掛けることがあるように、警察官もまた、必ずしも被害申告のその場で〈診断〉〈診立《みた》て〉を確定できないことがあります。よって、諸捜査・諸調査・諸検討に時間を必要とすることがあります。この場合も、〈権限〉の話同様、警察官としては「動きたくても動けません!!」「まだ動きたくても動けません!!」なのですが、市民としては「事件にならないと動いてくれないんだ……」と感じがちでしょう。

他方で。

例えば、お医者先生が初診においてハッキリと『問題ない』『大丈夫』『治療は不要』と判断できるケースも当然、あるでしょう。それは警察官についても同様です。要は

行為○○も、行為△△も、行為××も、間違いなくどんな犯罪にもならない
行為○○、行為△△、行為××に適用できる罰則は、間違いなく存在しない
行為○○は、犯罪αを構成するように見えるが、要件2と要件3を満たさないので、
結局罪には問えない

等々と、適正かつ確実に判断できるケースはあります。すると、たとえ警察官がどうにかしてあげたいと義侠心《ぎきょうしん》を感じたところで、防犯指導なり警戒活動なり被害者の保護なりは別論、事件化はできません。犯罪がないからです。よって警察官としては、「動きたくても動けません」「犯罪にならないので捜査はできません」等と診断結果を説明することになるでしょうが、これまた市民としては、まさに後者の台詞《セリフ》どおり「事件にならないと動いてくれないんだ……」と落胆し、時にその〈診立《みた》て〉を疑問に思うでしょう。

以上をまとめると、ここでもまた。

市民の急訴《きゅうそ》に即応するため、事件化しよう、犯罪を捜査しようと思っても、〈犯罪〉〈罰則〉についての法律の厳密な縛りによって、「動きたくても動けません!!」となってしまう現象が

生じるのです。そしてこうした事情が、極めて専門的・実務的・職人芸的な事情であり、よって説明に困難を伴うほか、専門家とお客様の間で認識のズレが生まれがちなのも、〈権限〉の場合と同様です。

なおここで、市民の立場に立ったとき、『藪《やぶ》医者』の問題が危惧されるのは当然のことでしょう。能力不足、あるいはサボタージュでそもそも診《み》立《た》てを誤ったり、重大な病気を見落としたり、必要な検査をしなかったり……本当は即座に動くべきなのに動かない。そうしたことは、右の、警察官による〈権限〉の判断や〈犯罪〉の判断についても言えることです。

そして、素人たる患者がなかなか医師の判断に疑義《ぎぎ》を挟《はさ》めないように、一般の市民が警察官の専門的な判断に異を唱えるのはとても困難です。能力不足の誤診であれば、警察官は自分の専門的判断を信じ切っていますし、サボタージュによる誤診であれば、嘘とインチキを糊塗《こと》すべく、ますます専門用語・専門知識の煙幕を張って『経過観察』『所見《しょけん》なし』に持ち込もうとするでしょうから。しかし市民としては、そのような場合こそどうにかして『問題解決』を図る必要があります。その具体的なツールやFAQはむろん、後刻検討します。

『初診』では物語が分からない

右では要旨《ようし》、『法律上の問題によって、動きたくとも動けないことがある』という警察の事情を、〈権限〉〈犯罪〉を例に挙げ、やや小難しく述べてきました。

以降は法律論でなく、より実際的・実態論的な問題を挙げ、『動きたくとも動けないことがある』という警察の事情を見てゆきます。

——まず、相談なり被害申告なりを受けた警察官が必ず迷うのは、事案の実態というか、物語、筋、ストーリーラインです。言い換えれば、初診の段階では、〈筋読み〉が実に難しいのです。

ここで、お医者先生が診断の対象とするのは、患者であり疾患《しっかん》です。診るべき相手方は1人、診るべき原因も（すぐ判明するかは別論）物理的に面前にあります。物語の登場人物として1人です。要は、把握すべき『素材』は基本、全て面前にあります。

他方で、警察官が診断の対象とするのは、たとえ面前にいる相手《あいて》方《かた》が／電話の相手方が1人であっても、まさか当該《とうがい》1人に限られません。まさかです。警察官が診断しなければならないのは、当該《とうがい》1人を取り敢えずの主役とする『物語全体』であり、その流れ、その筋、その主要登場人物です。

被害申告、というからには少なくとも加害者が想定されているわけですし、ならば、最低でも面前の1人とその加害者の間には物語・因縁・因果があるでしょう。そして現実論として、登場人物がその2人だけである保証など何処《どこ》にもありません。まして現実論として、面前の1

人が充分な情報を語ってくれる保証もなければ、最悪、真実を語ってくれる保証もありません。

これを、やはり医療現場に喩《たと》えると（警察官は社会の医者だと思います）——

突然、患者の知り合いなる女性が診察室に入ってきて、椅子に座るや、「先生、私の元恋人は、これこれこういう訳で重い病気に間違いありませんから、先生の方《ほう》で呼び出して、今日にでも手術をしてしまってください、急いでください!!」と言い始めたのと同様です。

……このとき、お医者先生としては「えっ？」「何言ってんの？」と思うでしょう。本書の言い方を使えば、「動きたくても動けませんから、取り敢えず患者御本人が受診してください」という旨《むね》を当該《とうがい》女性に伝えるでしょう。それはそうです。元の恋人さんだろうが何だろうが、この女性から得られるデータは皆無《かいむ》ですし、この女性の訴えをどれだけ聴いたところで、『重い病気に間違いありません』なる人の、実際の所は何も分かりませんから。

ところが。

警察の場合、初診においては、まさにこの女性の話だけから診断を付けなければなりません。患者本人というか、手術を要する加害者は、まさか受診に来てくれないからです。そして事情は、この女性が親御さんを帯同していようと、親友を帯同していようと、いえ弁護士先生を帯同していようと全然変わりません。

——ともかくも、警察官は、被害申告に訪れた市民から話を聴くことになりますが、それは事案の一方当事者《いっぽうとうじしゃ》の語りであって、およそ客観的真実とは言えません。少なくとも、初診の段階では言えません。まして警察に被害申告に訪れ、警察官からあれこれ尋問されるなど、普通の市民にとっては人生最大のイベントの1つでしょう。そこで冷静さを欠いたり動揺したり、そこに言い間違い・記憶違いがあっても、何ら不思議でないどころか極めて自然です。あるいは怒り、悲しみ、恐怖といった感情ゆえ、激昂《げっこう》してしまったり押し黙ったりしてしまうこともあるでしょう。あと人間の自然な心理として、全く悪意がなくとも、語りは自分に有利なものとなりがちです。はたまた犯罪被害に伴う自罰《じばつ》感情や羞恥《しゅうち》感情も、語りの質に影響します。まして。

相談なり被害申告なりの場合、10分20分と話を聴いている内に、例えば『ストーカーの被害者だとばかり思って傾聴していたら、被害者どころか本人がストーカーそのものだった』『生活騒音の被害者だとばかり思って傾聴していたら、県内でも名うての110番マニアだった』『脅迫の被害者だとばかり思って傾聴していたら、10年もの肉体関係の挙《あ》げ句《く》慰謝料を求められている不倫者だった』等々と、物語が根本から逆転してしまうことも稀《まれ》ではありません。

……要は、初診で客観的真実を把握するのは、極めて難しいのです。

加えて、警察官が初診で診断しなければならないのは、相手方の物語すなわち最低でも何時《いつ》、何処《どこ》で、誰が、何を、何故、どのように、どうしたという、いわゆる5W1H1R――when/where/who/what/why/how/result――です。無論、初診の段階でこれらをガチガチに詰めることはできませんしそこまでの必要はありませんが、最低でも5W1H1Rのような物語の骨子、事案の筋が分からないことには、〈犯罪〉〈権限〉が分からない以前に、『いったい何が起こったんだ？』『警察に何を求めているんだ？』という、共同作業のスタートラインが分かりません。

よって、初診においてはある程度の、経験に基づく〈筋読み〉能力が必要なのですが、しかしそれは経験に基づくが故に、〈先入観〉となってしまうことも多く……そして〈先入観〉は、相手《あいて》方《かた》に言うか言わないかを別論としても、「あんたも楽しんだんだろ？」「ブランド物とか巻き上げてるんですよね……」「こりゃ男も女もどっちも悪いわ」「あと1週間もすれば冷めちゃいますよ」といった、安易な誤診につながってしまいます。

とまれ、物語の骨子、事案の筋すら分かりませんと、右のとおり被害者と加害者を取り違えてしまうおそれすらある訳ですから、やはり「動きたくても動けません!!」となります。これを市民の側から考えると、激しい動揺・恐怖・混乱等の中、どのように事実関係を上手く警察官に呑み込ませるか――が課題となります。

警察ならタダだから……

公共のバスに乗っていると、様々な音声広告や広報が流れます。私が毎回聞き、だから特に印象に残っているのは、管轄警察署による特殊詐欺の防止に関する広報と、管轄消防署による「最近、救急車をタクシー代わりに使う人が増えています。119番は正しく利用しましょう」なる広報です。

ここで少し調べてみますと——合衆国、カナダ、オーストラリアでは救急車の利用はなんと有料、英国では有料ではないけれど、医師・病院についての事前登録が必要だとか。

また少し調べてみますと——令和元年の数字になりますが、我が国における救急搬送人員のうち、48・0%が外来診療のみで対処可能な『軽症』だったそうです（令和2年版『救急・救助の現況』総務省消防庁。以下同じ）。ここで、その5年前の平成26年の数字を見ても、『軽症』が49・4%。その5年前の平成21年の数字を見ても、『軽症』が50・7%。この傾向は、年によって大きく変わりません。要はここ10年、救急車の利用者のうちほぼ半数が『軽症』で、よってその119番通報に緊急性はなかった……ということになります。

私はそちらの専門家ではないので、その要因をつぶさに分析することはできません。しかし常識的に考えて、『我が国においては救急車の利用が無料である』ことが、『ほぼ半数が結果としてはフリーライダー』という現象を生んでいるのは否《いな》めないでしょう。有料だったら、確実に抑止効果・抑制効果が生じますから。

――さてこのことは、警察についても言えます。

相談をする人、被害申告をする人にとっては、警察の利用はタダ、無料です。交通費なり電話代なり人的コスト・時間的コストなりを別論とすれば、どれだけ話を聴いてもらおうと、どれだけ『知識・経験を売ってもらおうと』（防犯指導、助言、法解釈・法適用、ふさわしい関係機関へのつなぎ等々）、どんな書類をどれだけ作成してもらおうと、どんな警察活動をどれだけ実施してもらっても……1円のお金も掛かりません。もちろんそれは適正・妥当でして、まさか警察の利用を有料化することはできません。真に警察活動を必要としている人々に対し抑止効果を生んでしまいますし、果ては『警察の沙汰《さた》もカネ次第』、結局はお金持ちが警察という公共財を独占することになってしまいますから。よって、警察の利用がタダであることには問題ないし、そうで在るべきなのですが……

しかしここで例えば、先の119番の問題と対比しつつ、では〈110番〉について、緊急性のないあるいは不適切な通報がどれだけあるのか概観しますと――国の統計は公表されていませんが、例えば警視庁においては20・6％（令和元年）、愛知県警察においては25・9％（令和2年）、京都府警察においては30・9％（同）、埼玉県警察においては19・1％（同）、長野県警察においては15・0％（同）、福井県警察においては12・0％（同）、沖縄県警察においては39・5％（平成30年）……等となっています。これらの数値は、今《いま》統計が概観できる範囲で確認・計算しただけですので、まさか全国警察を網羅《もうら》した訳ではありません。しかしイメージとしては、これらを総合すれば、１１０番通報のうち25％弱・4分の1弱が緊急の対処を必要としないものである――ととらえることができます。要は通報の約4回に1回がいたずら・無言であったり、誤報・虚報であったり、行政手続の問い合わせであったり、緊急性のない相談であったりする訳です。

そしてこのことは、架電・非対面の１１０番通報のみならず、〈対面型の相談〉についても言えます。これについては全く統計が見当たらないのですが……私が駆け出しとして幾つかの警察署に勤務していた経験からも、また、私がその職業人生を通じて接点を持ったあらゆる警察官の言《げん》を総合しても、『直ちに犯罪に結び付かず、あるいは直ちに警察活動を要しない相談・被害申告の方が、圧倒的に多かった』ことは断言できます。数値をもって証明できないのは歯《は》痒《がゆ》いのですが……

しかしこのことは、警察署で2、3度も夜間の当直勤務を務め始めれば直ちに理解できます。相談名下《めいか》で入ってくる電話は実に多く、しかもそのほとんどが純然たる人生相談、御近所トラブルの愚痴《ぐち》、警察批判の演説、純然たるいたずらだったりします。

そしていわゆる『常連さん』も少なくなく――どんな警察署とてそのような『常連さん』を

何人も抱えています――どうにか宥《なだ》めて電話を切ってもらうため、お気に入りの『担当さん』がいつしか決まってしまっていることさえあります（「おっ、いつもの山田さんからお電話だぞ、佐藤巡査でないと御機嫌《ごきげん》悪くなって3時間コースになるぞ」等々）。

　また、この手の不要不急のアクセスにあっては、まさかガチャ切りすることも3分で切り上げることもできません。経験上、不要不急のお客様ほど警察官とのコミュニケーションに情熱を持っていらっしゃるのが常ですから、そんな『冷たい』態度をとると、以降5分置きにしかも御指名で、朝まで電話を架け続けてこられるからです。適切に仕事・仮眠を組むためには、どうにか御納得・御満足いただいてから電話を切っていただく必要があるのです……

　なお、この事情は警察署にとどまらず、なんと国の警察庁においても全く同様です。というか、警察庁自身は具体的な警察活動ができませんので（それは全て都道府県警察の任務となります）、警察庁で当直員を務めていると、その電話対応の9割以上は、右のようなある種の『警察愛好家対応』『常連さん対応』となるからです。

　若かりし頃の私がいちばんビックリしたいたずらは、警察庁当直に深夜架かってきた電話で、曰《いわ》く「もしもし、こちら防衛庁の戦略ナントカ局戦術ナントカ課企画官の誰某《だれぼう》ですが、只今《ただいま》北朝鮮が我が国に向けて弾道ミサイルを発射したことを確認しましたので、防衛庁設置法第何条第何項の規定により貴庁《きちょう》に通告します」云々《うんぬん》というものでした（能書きの後半で、「あっ常連さんのあの人の声だ!!」と分かったので安心しましたし、関係者に虚報を即報《そくほう》せずにすみましたが……)。

いずれにしましても、警察庁・都道府県警察を通じて、我が国のどのような警察官も、右に縷々《るる》述べたタイプの『相談』『被害申告』で疲弊《ひへい》した経験を持ちます。そしてそのようなタイプの『相談』『被害申告』に対しては、最終的には毅然《きぜん》と「動きたくても動けません」「事件でなければ動けません」と告げなければなりません(なかなか理解・解放していただけないのは右のとおりですが……)。そして重ねて、そのように告げなければならない機会の方が圧倒的に多いのです。

こうした、どんな都道府県警察のどんな警察官も経験する洗礼は、残念なことに、『相談』『被害申告』一般に対する、ある種の先入観と疲弊感を植え付けます。そしてその原因は結局何かと言うと、『相談』『被害申告』への対応その他の警察活動がタダだからです。弁護士先生に相談等をしようとすれば、少なくとも30分5000円~でしょうから。ゆえに市民の側としても、何か法律的なトラブルを抱えた際、弁護士先生の門を敲《たた》くよりは、警察署に電話したり警察署に赴《おもむ》く方が、心理的障壁が小さいでしょう。厳しい言葉を用いれば、警察を活用する方がお手軽・お気楽で低コストだからです。まして、インテリたる弁護士先生には、お金を払った上低姿勢で御意見を拝聴しなければなりませんが、相手が公僕たる警察官であれば、「納税者の要望を聴いて当然!!」「納税者に奉仕して当然!!」と出てしまいがちです（救急車がタクシー代わりに用いられるのと同じ道理です）。

まとめますと。

①警察は、コスト面から言えば極めて敷居《しきい》が低いため、その活用においてモラルハザードが起こりやすく、②そうしたモラルハザードは、全ての警察官の警察人生において「動きたくても動けません」「事件でなければ動けません」と何度も何度も何度も繰り返させることになります。このことは、警察にとっても市民にとっても健全ではありません。市民の側の、「行きやすい所に行く」「使いやすい所に行く」「タダの所に行く」という……ある意味当然の……傾向は、結局の所、いつか必ず警察の／警察官の対応を誤らせることにつながります。裏から言えば、真摯《しんし》な市民が真剣に警察にアクセスしているときであっても、残念ながら、警察の側ではその真摯さ真剣さが必ずしも直ちに理解できないと、こういうことにもなりますので……市民としては、如何《いか》に事案の緊急性・切迫性・真実性を担当警察官に呑み込ませるかがポイントとなります。

捜査コストと市民の『気紛《きまぐ》れ』『いきなり取下げ』

犯罪捜査その他の警察活動には、当然ですがコストが掛かります。

捜査書類を作成するだけでも、少なくとも人件費は掛かっていますし（もちろん専門スキルを提供する費用も）、被疑者の行動確認をするとか、目撃者を捜して／防犯カメラ動画を精査《せいさ》して事情を確認するとか、いよいよ被疑者を逮捕するとか、関連箇所《かしょ》を捜索して証拠品を差し押さえるとか、逮捕した被疑者の取調べをして調書を作成するとか……そういったあらゆる警察活動は、予算と人員と時間を必要とします。基礎的な捜査を進めてゆくときは、捜査員1人2人の投入でもよいでしょうが、例えば追及捜査（尾行・張り込み等）、令状請求、捜索差押え（いわゆるガサ）といった重要局面となると、事件の規模にもよりますが、捜査員4人以上は欲しいところです。それは例えば『AがBさんを殴った』なる単純な傷害事件1件であってもそうです。このときでも捜査すべき事項は腐るほどあり、作成すべき捜査書類も腐るほどあるからです（さもなくば検察官も裁判官も納得してくれず、結局Aを処罰することができなくなります）。

さてここで、この『AがBさんを殴った』なる単純な傷害事件1件について、もう少し詳しく考えると——現行犯逮捕・緊急逮捕でなければ——①まず相談なり被害申告なりによって事件が認知され、②幸いにして「動きます」ということになり被害届等が受理され、③警察署の刑事課の担当者が決まる。そもそも本件を担当する係の総人数は、ものすごく乱暴に平均化すれば6～10人程度。うち1人がいわゆる担当さん・担当刑事さんになり、この人にはたいていはペアとして動く刑事がいますから、基礎捜査はその2人がコツコツやる。そしていよいよAを検挙しようと、その行方を追及したり行動を確認するとなれば、係内で調整して、追加の2人3人を投入する。また分担して令状請求の準備をし、実際に逮捕するときの計画・配置を考える。逮捕するときはまずガサとセットですから、関連箇所の規模に応じてチーム編制をしなければならない。やがて令状が出、Aの身柄を確実に確保できる場所・タイミングも分かり、とうとうAのアパートに討ち入りをする……

その後もAの取調べ等が行われるわけですが、いずれにしろ、討ち入りまでにはそれなりの予算・人員・時間を要します。本件傷害事件については重ねて、基礎捜査であれば1人2人、重要局面では4人5人を動員しなければならない。そして係の総勢は、乱暴に平均すれば6〜10人。ここで、当然のことですが、係の規模が小さければ小さいほど、このような単純な傷害事件1件であっても大きな負担となります。また、係の規模が小さかろうと大きかろうと、『そもそもAが何処《どこ》にいるのか分からない』『少なくともAの生活パターンが分からない』ということが多いですから、具体的状況によって市内・県内・国内を駆け回らなければなりません。まして、この6〜10人の係は、『AがBさんを殴った』なる傷害事件1件だけを捜査する係ではないのです。この係は大抵、これ以外に、6件〜10件以上の別事件を抱えています。要は、実はこの係の誰もが、それぞれ1件以上の別事件の担当刑事さんなのです。刑事は常態《じょうたい》として、いつも何かの事件を担当しており、手持ちの事件がない手ぶらの状態であることは稀《まれ》です。よって、基礎捜査においても重要局面においても、実は『1人を投入する』『4人を投入する』というのは大変なのです。これまで受理している複数事件を同時並行で処理しつつ、新たに人員を捻出《ねんしゅつ》しなければならないのですから……

以上、極めてモデル的に、乱暴な平均化をしながら述べましたが――要は、どのような事件であれ、またどのような警察署であれ、新たに事件を担当するというのは（市民が想像するよりは）大変なことで、警察は常にその捜査コストについて真剣に頭を悩ませている、ということです。何故と言って、この財政難の折、公務員の定員は自然とリストラされて減少することはあっても、まさか増加することなど期待できないからです（公務員の定員は、増員を要求しなければ自然と減らされますし、ならばと増員を要求しても大抵は無視されます）。

――さて、そうしますと。

新たな事件化に際しては、この捜査コストの問題を検討しないわけにはゆきません。110番通報によって即時の、緊急の対応をしなければならないときは別論、警察署に『相談』『被害申告』があったときは、係の現在の業務負担状況と、その相談等に係る重要性・緊急性を検討しないわけにはゆきません。無論、そこに事件化その他の警察措置を必要とする事情があれば、四の五の言わずに即応するのが当然で理想ではありますが……極端な例を挙げれば、「ストーカーに今夜にでも殺されかねない」「暴力団員に今夜にでも拉致《らち》されかねない」事案と、「お隣がいわゆるゴミ屋敷である」「歓楽街での客引きが目立つ」事案では――重ねていずれも警察措置を必要としますが――どちらがより重要で緊急かは論《ろん》を俟《ま》たないでしょう。

そうしたときに警察が（いつかは動くけれど）「動きたくても動けません」という判断をしたとしても、〈捜査経済〉の問題を考えれば、それを一概《いちがい》に責めることはできません。

また、こうした〈捜査経済〉の問題は、市民の側のいわば『気《き》紛《まぐ》れ』と相俟《あいま》って、またもや警察官に、残念な先入観を植え付けることがあります。いえ、既に昭和の時代から植え付け続けています。すなわち例えば――

DV事案の被害申告があり、とても可哀想な状況と思えた。よって、来署した女の子から直ちに告訴を受理して捜査を始めた。他の事件捜査もある中、自分としては大きなコストを掛けたのに、翌週の繁華街で、その子がたくさんの買い物袋を提げながら、『被疑者』とニコニコ手をつないで歩いているのを目撃してしまった。このとき、その子の方もこちらに気付いた。すると目撃の翌日、女の子から自分宛《あ》てに電話が架かってきて、「カレとよく話し合って誤解が解けました。もう一度付き合うことに決めたので、告訴はナシです。それじゃあ」と一方的に言われた……

といった例は断じて少なくなく、現場警察官が10人いれば10人とも、この種の『気《き》紛《まぐ》れ』『いきなり取下げ』事案について、その経験を滔々《とうとう》と語ってくれるはずです。流行語大賞ではありませんが、これは現場警察官鉄板の持ちネタの1つですから。実際、先に御紹介した〈桶川《おけがわ》事件〉に係る刑事裁判でさえ、その地裁判決は、警察を厳しく非難しつつも、こうした男女間のトラブルについて

　……このような事件は告訴を受けて捜査をしてもその後和解が成立して告訴が取消になりそれまでの捜査が無駄になるようなことが往々ある

という警察側のメンタリティを認定しています。そうした『気紛《きまぐ》れ』『いきなり取下げ』が警察官を意気消沈《いきしょうちん》させ、警察官にある種の先入観を植え付け、事件化に対し慎重な・懐疑的な姿勢をとらせ、「動きたくても動けません」と語らせてしまう。そうした残念な事情も、酌《く》まれて然《しか》るべきだと思うのです。これを言い換えれば——真摯《しんし》な市民が真剣に警察にアクセスするとき、市民・警察とも、『一緒にやる』『キチンとやる』『最後までやる』『裏切らない』といった協働の関係、信頼の関係、あるいは〈治療同盟〉を目指しそして確立することが必要だと思うのです。

企《たくら》みのある市民もいる

重ねて、弁護士先生は少なくとも30分5000円~でしょうが、警察はタダです。

すると、何らかのトラブルを抱えた際――不倫に伴う慰謝料の支払いとか、生活習慣をめぐるマンション隣人との紛議《ふんぎ》とか、返した返さないで争いになっている友人との借金問題とか、SNSで知人に悪口を書かれた喧嘩《けんか》とか、はたまた原因は何でもいいですが損害賠償なり示談なりの交渉とか――そうしたとき、タダで使える警察を利用して、「もう警察に被害届を出した」「もう刑事が告訴を受理してくれた」「お前に対する捜査が始まったぞ」「お前を参考人として取り調べると言っていた」等々と主張することにより相手《あいて》方《かた》を牽制《けんせい》し、あるいは相手方より優位に立とうとし、もって当該《とうがい》トラブルを自分に有利な形で決着させようとする市民がいます。

こうしたことも、現場警察官のほとんどが嫌というほど経験することです。

無論、そこに事件化その他の警察措置を必要とする事情があれば、市民の『底意《そこい》』がどうあれ積極的に対応しなければなりません。しかしこうした『利用型』の場合、事案は〈警察の責務〉に含まれない純然たる民事――すなわち私人間《かん》の自治によって解決するか、さもなくば最終的には民事裁判で解決するしかないものであることがほとんどです。要は、『キチンと自分で必要なお金を払い、警察以外のプロによって解決してもらうしかない』ものであることがほとんどです。

そしてそうした『底意《そこい》』がある『利用型』なのかどうかは、相談の初診においても比較的容易に診断できます。というのも例えば――犯罪被害を訴えているのに、加害者に対する恐怖よりも敵意がみられるほか、相手方に対する働き掛けを無闇《むやみ》に急がせたり、警察がその日その場でリアクションを決めることを求めたり、相手方を指導したり呼び出したりする約束を求めたり、警察の対応方針や自らの主張の正当性を記した文書を求めたり（時に秘密録音をしたり）等々と、とかく『問題解決』を指向するよりは『相手方をへこませる』『相手方にダメージを与える』『警察の言質《げんち》を取る』ことを求めがちだからです。

もちろんこうした場合、『不《ふ》偏《へん》不《ふ》党《とう》且《か》つ公平中正』（警察法第2条）を旨《むね》とする警察としては、「動きたくても動けません」と告げるよりほかありません。これを言い換えれば――こうした事案であることが疑われてしまいそうな場合において、真摯《しんし》な市民が真剣に警察にアクセスするときは、『民事において自分でできることは自分でやる』『民事における金銭的負担は覚悟する』『そうした民事の部分でなく、刑事事件としての側面に注目してほしいし、私でなく警察にしかできないことをやってほしい』というスタンスを、キチンと伝えることがポイントになると思います。

なおこれに関連して、『底意』どころか『悪意』のある場合、「動きたくても動けません」となるのは当然のことです。どの警察本部・警察署でも一定顧客《こきゃく》を抱えている〈告訴マニア〉による被害申告や、〈110番マニア〉によるいたずら等が代表的な例です。そしてこれらもまた、市民が予想するより数多くまた執拗《しつよう》で、よって多数の警察官に、相談等に対する『よからぬ先入観』を植え付けてしまうのですが……

動かない理由、動けない理由

以上、本章では「事件でなければ動けません」となってしまう警察側の理由・文化・メンタリティについて――要は警察／警察官の言い分について――①かつての〈民事不介入の原則〉、②〈権限〉行使のハードル、③〈犯罪〉認定の専門性、④〈初診〉診断の難しさ、⑤〈警察はタダ〉の影響、⑥〈捜査経済〉の問題、⑦市民の〈いきなり取下げ〉、⑧市民の〈底意《そこい》〉等について検討してきました。

そしてこれらの検討により、Ⅰ警察がサボタージュにより「動かない」場合もあれば、Ⅱキチンとした理由があって「動けない」場合も、Ⅲあるいは歴史的・経験的な先入観等によって「動かない／動けない」場合もあることを御紹介しました。

よって次章以降では、こうした警察／警察官のメンタリティ等を前提としつつ、それでは具体的に「警察をどう動かしてゆくか？」「警察官はどうすれば動くか？」を検討します。

第3章

警察を動かすツールとその実際

110番通報

我が国における緊急通報の代表的なものです。具体的には、各都道府県警察の〈通信指令室〉という初動《しょどう》警察担当セクションに、緊急の警察措置を求める電話による通報です（なお通信指令課、通信指令本部等、所属《ショゾク》の名前の付け方には違いがあります）。110番通報は、各都道府県に必ず存在するこの〈通信指令室〉によって一元的に受理され、初動警察の範囲に含まれる警察措置については、全てこの〈通信指令室〉が一元的に指令をします（『初動警察』についてはすぐに述べます）。裏から言えば、警察は必ず専門の『110番通報対応専門課』を用意しており、47都道府県で例外はありません。

ここで既述《きじゅつ》ですが、我が国の各都道府県警察はそれぞれ別個独立の会社ですので、些《さ》末《まつ》なことを言えば、このように通信指令担当課の名前すらそれぞれが自由に決めていますし、やや本質的なことを言えば、110番通報の相手《あいて》方《かた》はそれぞれの都道府県の警察の本社です。言い換えれば、110番通報というのはその『110』を押した場所を管轄する警察の本社に――そしてその本社だけに――緊急の警察措置を求める通報です。

よって、通報の時点では、通報は全国的に共有されるわけではありませんし（例えば青森本社なら青森本社だけが、鹿児島本社なら鹿児島本社だけがそれを認知することになります）、また、通報の時点では全県的に共有されるわけではありません（例えばまず青森本社だけが受理し、その内容は取り敢えず青森県の各支店＝各警察署も分かりません。同様に、まず鹿児島本社だけが受理し、その内容は取り敢えず鹿児島県の各支店も分かりません）。加えて、110番はシステム上、他の加入電話に取次ぎできませんので、警察が用意している他の相談電話や、各警察署の代表電話とリアルタイムでリンクすることはできません。他方で、119番とはお互いに転送等できるようになっています。

市民からの110番通報を受けた〈通信指令室〉では、専門家である受理担当警察官が事案の概要を聴取・把握した後、それとは独立した専門家である指令担当警察官が――〈通信指令官〉等の指揮官の指揮の下《もと》――初動警察の範囲に含まれる警察措置を、関係所属に指令・指揮します。この『関係所属』は例えば、事案発生地を管轄する警察署であったり、事案の規模によってその隣接・近接警察署であったり、また本社の自動車警ら隊であったり機動捜査隊であったり、警察用航空機担当課であったりします。

この指令・指揮により、各都道府県内の警察署等が110番通報内容を共有し、具体的な警察措置を開始します。端的《たんてき》には、警察署・交番・駐在所の警察官を直ちに現場に向かわせます。といって、最も機動力を発揮できるのはPC《パトカー》ですので、現着《ゲンチャク》一番はPCであることが多いですし、警察文化として『先陣《せんじん》争い』をするのが常です。いずれにしろ、現着《ゲンチャク》した警察官はその第一報を入れた後、１１０番通報者と接触するなどして警察措置を開始します。我が国において、令和元年だと8分9秒です〈通信指令室〉が所要《しょよう》の指令をしてから警察官が現場に到着するまでの所要時間の平均は、令和元年だと８分９秒です（令和２年版『警察白書』）。

さてこの１１０番通報ですが、無応答・いたずら・架け間違い等を除くと、全国で年間約９１０万件となっています（平成29年で９０１万４９１８件、平成30年で９１５万９１７７件、令和元年で９０９万５４４０件。同前）。令和元年の全国警察の数字を採れば、我が国において１１０番通報は約３・５秒に１回なされたことになり、また、約14人に１人の市民が１１０番通報をしたことになります。

存外、大胆というか積極的に活用されているように見受けられますが、しかし実際の所、市民にとっては「これ、１１０番していい内容なんだろうか……」と疑問に思い、躊躇《ちゅうちょ》することも多いのではないかと思われます。

ここで私的なことながら過日、私の親族が突如《とつじょ》強烈な腹痛を訴え出したとき、躊躇《ちゅうちょ》の挙《あ》げ句《く》人生初の１１９番をしまして、よって人生初の救急車乗車を経験したのですが（結果としては虫垂炎《ちゅうすいえん》でした）――通報する前、20分〜30分ほど「大した事ない月並みな病気だったらどうしよう……」「正露丸でも飲ませておけば治まるんじゃないか……」と悩んだものです（元警察官ゆえ、１１０番はむしろ積極的にしてしまう癖《へき》があるのですが、１１９番通報を行ってみて初めて、緊急通報に関する市民の方の気持ちが解りました）。

——では、どんなときなら110番通報を積極的に用いるべきか？

緊急を要する事案は千差万別で、1つとして同じものはありませんので、一般化が難しいですし、そのようなことを定めた法令も存在しないのですが……敢えて一般化すれば、『個人の生命、身体及び財産の保護』が警察の責務ですので（既述《きじゅつ》。警察法第2条）、生命・身体・財産が危機にあると直感的に感じられる事態においては、躊躇《ちゅうちょ》せず直ちに110番通報をすべきだと思います。そうしたとき躊躇《ちゅうちょ》していると逆に、当事者が「110番通報をするまでの緊急性はなかった」と判断したことになってしまい、後の展開が悲劇的なものになればなるほど、当事者としての認識の甘さなんてものが警察にも裁判所にも社会にも認定されてしまいかねず、当事者としては踏んだり蹴ったりになってしまうからです。この点、例えば千葉県警察が、『「すぐに来て」そんなときには110番』なる標語を作っていますが、これは妥当だと思います。また110番通報をすべき具体例として、

ケンカをしている人を目撃したとき

人の悲鳴を聞いたとき

刃物等の凶器を持っている人を目撃したとき

空き巣・ひったくり等の、盗難被害にあったとき

強盗にあったとき
振り込め詐欺の被害にあったとき
不審な人や車を目撃したり、声をかけられたとき
不審な人につきまとわれたとき
ストーカーの被害にあったとき
倒れている人や迷子を見たとき
警察を呼んで、と助けを求められたとき
交通事故を起こした／目撃したとき
ひき逃げにあった／目撃したとき

等々の例が複数の都道府県警察のサイトで例示されているところ、これらも妥当だと思います。といって無論、例示されているものでなければ110番通報してはならないというものでもありません（いわゆる『いのちだいじに』の考え方でよいのではとも思います）。

いよいよ110番通報をしますと、〈通信指令室〉の受理担当が応答をします（滞留《たいりゆう》しているとき……要は110番通報が立て込んでいて直ちに繋《つな》がらないときもありますが、いったん架ければ機械的に／順番に処理されてゆきますので、『切っては架け切っては架け』はしない方が結果的には早いです）。この受理担当は、所要《しよよう》の訓練を受けた専門家ですから、基本、こ

ちらからあれこれ説明するというより、次々と問われてゆくことに回答してゆけばよいだけです。ただ、一般にどのようなことが問われるかと言えば、

何があったのか？（事件なのか事故なのか。実際の当事者か、目撃者か）
何時《いつ》のことなのか？（発生時間。通報の○分前頃とか、○時○分頃とか）
何処《どこ》のことなのか？（発生場所。可能であれば地番、目標物、目印等）
誰がやったのか？（人相・着衣・年齢・性別・人数。車種塗色《としょく》。逃走方向等）
被害の状況（怪我をしているか。救急車は必要か。被害品はあるか）
通報者連絡先（住所氏名、電話番号。また、通報した事件事故との関係性等）

といったところですが……しかし伝えられるかぎりのことを伝えればよく、内容が曖昧《あいまい》だからといって受理担当警察官に嫌がられたり叱責《しっせき》されたりはしません。受理担当は曖昧な通報にも慣れっこだからです。また例えば、『発生場所』が地理不案内でよく分からなくても、標識・信号機・電柱にはそれぞれ『管理番号』が付されていますからそれが分かれば受理担当は助かりますし、あるいは、街頭の自動販売機には住所が地番まで表示されているのが一般です（さらに、それらが分からなくとも極論、受理担当はさほど困りません。詳細を措《お》けば、今は発信地表示システムがあるからです）。加えて、通報の最中に電話が切れてしまったとしても、受理担当が機械的に再接続することはシステム上容易です。

さて本書のテーマ、「事件でなければ動けません」に絡《から》めて論じると――数多《あまた》問題となっている警察署での『相談』『被害申告』の場合に比べ、〈通信指令室〉が110番通報を受理しないとか、「事件でないので動けません」と言うとか、とかく消極的な対応をとることは、一般論としては想定されません。少なくとも初動警察の範囲においては――いたずら等でないかぎり――確実に対応してくれることが期待できます。

というのも、①110番通報そのものでは事案の詳細が分からないことが大半なので、警察としては全てに応答し全てを確認せざるを得ませんし、②〈通信指令室〉は『110番通報対応専門課』であってそれ以外の業務負担をしていませんから、人がいないとか他の業務で忙しいとか緊急事態が発生したとか当直時間帯だとか……そうしたことを考慮する必要がありませんし（そもそも全ての緊急事態に24時間365日対応するのが仕事です）、③警察官の到着までの時間すら統計に残るように、全ての110番通報の処理状況が厳しく組織管理され、よって対応を打ち切るときも〈通信指令官〉等上級幹部の指揮が必要だからです。

よって、『いのちだいじに』『すぐに来て』な状況において、真剣な110番通報をすればまず「解りました、動きます」「動きたいので動きます」という結果になります。ゆえに、『相談』『被害申告』より遥《はる》かに出前迅速《でまえじんそく》なリアクションが期待できます（重ねて、平均所要時間約8分）。しかしながら……

それならば、『あらゆる処理を１１０番に一元化すればよい』と考えたくもなりますが、しかし実際の組織・実務は、まさかそうなってはいません。

それは無論、市民から被害申告のある全ての事案が緊急性を有するわけではない、からでもありますが、より大きな理由は、この勤勉にして優秀な〈１１０番〉と〈通信指令室〉というシステムには一定の限界があるからです。それは、警察組織における〈初動《しょどう》警察活動〉と、それ以外の分業からくる限界です。

初動警察と終局処理

〈１１０番〉と〈通信指令室〉というシステムが担当するのは、だからその指令を受けて警察活動をする交番・駐在所・ＰＣの警察官が担当するのは（これらは全て制服警察官ですが）、事件事故の処理について言えば、〈初動《しょどう》警察〉の範囲に限られます。

ここで〈初動警察〉とは、シンプルには、警察が事件事故を認知した場合における最初期の警察活動で、要は『現場臨場』『初期的な現場措置』『被害者の救護』『被害回復の措置』『現場保存』『初期的な情報収集』『犯人・関係者の確保』『犯人検索《ケンサク》等のための緊急配備』といった、火消しの活動です。

ここで無論、この火消しの段階において——例えば現行犯逮捕・緊急逮捕といった形で——

事案の処理が大きく進展すれば喜ばしいのですが、全ての事案においてそのようなことは期待できません。そして概略、取り敢えずの火消しが終われば、事案は『継続処理』となって火消しは撤収。以降は、より専門的なスキルを有する私服警察官が捜査等を行うこととなります。

要するに、警察においては、事件事故が発生した際、〈初動警察〉の活動を行う制服警察官と、〈継続処理〉〈終局処理〉を行う私服警察官はハッキリ区別され、前者は最初期の火消しを、後者はその後のあらゆる捜査と起訴までの終局処理を担当します。

すると……

先述のとおり、市民としては、それが真剣なものであるのなら、110番通報によってほぼ確実に警察を動かすことができますが……しかしそこで『動く』のは交番・駐在所・PCの制服警察官であり、しかもその『動き』は極めて一時的なものです。それはそうなります。〈初動警察〉〈火消し〉をすべき事案は腐るほどありますので、火消しとしては、最初期の／一時的な／取り敢えずの現場活動が終われば、すぐさま次の事案に転進せざるを得ないからです。言い換えれば、1つの事案に貼《は》り付くことなく、常にあらゆる事案の火消しに馳《は》せ参《さん》じなければならないからです。

もし逆に、A事案について〈初動警察〉を担当した警察官が、起訴までA事案を捜査しなければならないこととなると、たちまち火消しに当たることができる警察官は枯《こ》渇《かつ》し、よってすぐさま『24時間３６５日対応、平均所要時間約８分』なる１１０番システム・通信指令システムは麻痺《まひ》し機能不全となるでしょう。

よってこの場合、A事案について〈初動警察〉を担当した制服の甲《こう》警察官は、必ず、①警察本部でその捜査を担当する私服の乙《おつ》警察官か、②警察署でその捜査を担当する私服の丙《へい》警察官に――あるいは警察官複数に――A事案を引き継ぎます。理論的にそうせざるを得ませんし、実務的にそうなっています。

そして市民はこの引継ぎの段階で、具体的な犯罪捜査・事故処理を継続し、起訴までの〈終局処理〉〈一件処理〉を受け持つ『担当さん』『担当刑事さん』と出会うこととなり、この段階で、当該《とうがい》『担当さん』に具体的な被害申告をし、捜査を願い出るわけですが……

……いよいよここで、「事件でなければ動けません」の問題が、１１０番通報の段階より発生しやすくなります。というのも、この『担当刑事さん』は起訴までの〈終局処理〉をしなければならないわけですから、取り敢えず鎮圧をすればよい火消したちより職人芸・専門スキルを発揮しなければなりませんし、だから「事件化できるかどうか？」について自分の責任で厳しく吟味《ぎんみ》するでしょうし、ゆえに第２章で概観したようなメンタリティを発揮しがちですし、また、正直他にもたくさんの事件を抱えているからです。

その意味で、〈１１０番〉というのは真剣な通報者にとって実に機能的で救済的なシステムなのですが、実はその救済は事件事故の最初期段階に限られ、救済に当たる火消したちは、意地悪な言い方をすれば「後は私服の担当さんとよく相談してくださいね!!」とカンタンに撤収してしまいます。一期《いちご》一会《いちえ》です。そしてそれ以降、事案によっては何か月も付き合ってゆかなければならない私服の『担当さん』が、果たして110番通報の火消しのように動いてくれるかというと……一般論としては動いてくれず、その『審査』『注文』『詮議《せんぎ》』は厳格で、だから市民としては「事件でなければ動けません」を感じることも多いと、そうまとめられます。

110番でどれだけ動いてもらっても、事件化や事件の終局処理に繋《つな》がる保証は何もない。これが、世界的に見ても極めて優れた緊急通報システムである110番の、実際上の問題点です（正確には、110番の問題というよりその守備範囲の問題、分業の問題でしょうが）。

＃9110番

全国統一の、警察相談専用電話番号です。緊急の対応までは必要としない相談等に対応する通報先です。既述《きじゅつ》のとおり、110番は発信地を管轄する各都道府県警察の〈通信指令室〉にダイレクトに入りますが、＃9110番に架けると、その発信地を管轄する各都道府県警察が用意している〈総合窓口〉〈相談窓口〉に接続されるようになっています。

ここで、110番も＃9110番も、各都道府県警察の『本社』に繋《つな》がるのは同じですが

——警察の組織は解り難《にく》いので、『応答しているのは県本社の警察官だなあ（近くの警察署や交番の人じゃないんだなあ）』と知っておくと無用の誤解がないと思います——更にこの＃9110番の場合、対応するのは結局〈総合窓口〉ですので、無論〈通信指令室〉のような出前《でまえ》迅速《じんそく》な対応は期待できませんし、無論〈通信指令室〉のような『24時間365日対応、平均所要時間約8分』なる常在戦場《じょうざいせんじょう》な火消しの対応も期待できません。

＃9110番の受付時間は平日、しかも開庁時間（例えば午前8時30分〜午後5時15分など、各都道府県警察で定めている営業時間）に限られます。一部、＃9110番の24時間対応を行っている都道府県警察もあるとのことですが、多くの場合、閉庁時間帯、土曜日、日曜日、祝日は本格的に対応してもらえません。それらのときは、音声ガイダンスか、県本社で当直をしている警察官（必ずしも相談対応を任務としない警察官）によるガイダンスとなります。なお110番通報はその公共性等に鑑《かんが》み無料ですが、＃9110番は、結局は県本社へ普通に電話を架けるのと同じですので、通常の電話代が掛かります。

また、「どんなときなら110番通報してよいのか？」が厳密には定まっていないことから、「どんなときなら＃9110番に架けてよいのか？」も厳密には定まっておらず、市民にはよく解りません。そこで、幾つかの都道府県警察のサイトを見るに、例えば

　被害届の出し方／告訴の仕方について

行方不明者の届出の仕方について
家族による暴力について
家庭内のトラブルについて
御近所の児童虐待について
何者かのつきまといについて
いたずら電話について
振り込め詐欺の電話について
悪質商法の被害について
架空請求について
職場へのクレーマーについて
暴力団による嫌がらせについて
交通事故の届出について
交通違反の反則金の納付について

といった例が挙げられていますが、しかし右には「緊急性がある場合もあるんじゃないか？」という例も見られることから、最終的には、先述の〈通信指令室〉〈初動警察〉による活動を直ちに求めるかどうか、市民が自主的に判断するしかないようです（私自身、実は110番担当課に２度勤務したことがあり、よって＃９１１０番の広報等も幾度となく行ってきたものの、実際に自分が用いたことは一度もないので……）。

しかし無論、＃９１１０番に架かってきた電話であっても、１１０番通報として処理すべきと判断されるものについては、結局は〈通信指令室〉に即報《そくほう》されることになるでしょうから（同じ県本社内のやりとりです）、例えば『＃９１１０番を選んでしまったから、端《はな》から処理を後回しにされてしまった……』というような不利益はまさかありません。

とまれ、＃９１１０番により県本社の〈総合窓口〉〈相談窓口〉にアクセスしますと、相談の受理／処理を専門的に担当する、〈警察安全相談員〉なる警察官あるいは警察ＯＢが、事情を聴取しながら対処方法を教示《きょうじ》してくれるはずです（なおこの＃９１１０番を含む警察に対する『相談』がどのようなシステムでどのように処理されるかは、次節で詳論《しょうろん》します。本書のキモの１つであり、市民にとって切実な問題だからです）。

この＃９１１０番にあっては、『いちいち自分がいる都道府県の警察の〈総合窓口〉〈相談窓口〉の代表番号を調べなくてよい』――というメリットはありますが、結局の所、①普通に県本社（警察本部）に電話をして相談をすることに変わりなく、更に言えば、結局の所、②普通に最寄りの警察署に電話をして相談をしたり、③普通に最寄りの警察署に出向いて相談をしたり、といった行為と何ら変わりません。そして右の①②③で処理が違うということはありませんので、『電話を使う利便性』とか、逆に『面前で顔を見ながら相談するメリット』とか、『御自分の仕事等との兼ね合い』とか、そうしたことでアクセス方法を選べばよいと思います。

なお、＃９１１０番を含む右の①②③の処理においては、〈火消し〉＝制服警察官の臨場なり活動なりはありませんので、当初から、〈終局処理〉〈一件処理〉をする私服警察官が登場することとなります。正確には、〈総合窓口〉等が私服部門／私服警察官につなぎ、よってじき『担当さん』『担当刑事さん』が決まることとなります（事案の切迫性に応じ、直ちに／５分後に決まることもあれば、１週間後の予約になることもあるでしょう）。

いずれにしろ、『担当さん』が決まるまで具体的な警察活動はない——と思っておいた方がよいと考えます。というのも、〈総合窓口〉の警察官等には事件を処理する権限がありませんので。無論、必要と判断されれば防犯指導なり警ら強化なりは行われるでしょうが、専門的な事件処理というなら基本、『担当さん』が詳しく事情を聴いてから——という流れになります（よって例えば「１週間後の予約までなんて待てない‼」というときは、いさぎよく１１０番通報をするか、少なくとも「担当警察署・担当警察官をもっと急いで決めてくれ」と、〈総合窓口〉をせっついた方がよいと考えます）。

また、私服警察官である『担当さん』が事件化について厳格な『審査』『注文』『詮議《せんぎ》』をすることは幾度も繰り返しているとおりで、よってそこで「事件でなければ動けません」問題が発生することはあるでしょう。まして＃9110番の場合、110番の場合と異なり、制服警察官やPCの動きなどまるでない訳ですから、市民としては、「散々放置された挙げ句、1週間後に警察署に出向いたら、結局事件でなければ動けませんと言われた、ケシカラン!!」とフラストレーションを感じてしまう場合も多いのではないかと思います（無論、全ては事案と担当者によりけりですが……）。

相談

〈相談〉という事象、あるいは〈相談への対応〉という警察活動は、令和の警察において最重要課題とされているものの1つです。実際、『被害の不安に困り苦しむ人に応える警察の確立に努めること。』と、警察庁No.3の官房長《かんぼうちょう》が全国警察に通達しています（平成31年3月12日付け警察庁丙総《ヘイソウ》発第25号「相談への迅速・確実な組織対応のための総《そう》・警務《けいむ》部門における相談の受理・点検等の実施について」。以下単に『相談通達』とします）。

もっとも、既述《きじゅつ》の〈桶川事件〉等を契機として、既に平成12年の〈警察改革要綱《ようこう》〉が『警察安全相談の充実』を『実現に全力を尽くしてゆく』べき施策と位置付けましたが（まして、既に昭和40年代後半から覚醒剤事犯、悪質商法、暴力団等々に係る各種相談窓口が設置されたり、平成元年には警察総合相談室なるものが設置されたりしていますが）……

しかし、例えば既に見た〈太宰府事件〉のように、①警察に相談がなされていながら、②被害者に危害が加えられる危険性や切迫性の正確な把握が難しく、③しかも事態が急展開して重大事件に発生するおそれが極めて高い――そういった事案は後を絶ちませんし、そういった事案に適正に対処するためには、最初期の、①の相談の段階でベストな措置を講じる必要があります。

また量的にも、例えば、平成20年における警察による相談取扱件数が約138万件、平成21年におけるそれが約136万件であるのに対し、平成30年における相談取扱件数は約221万件、令和元年におけるそれは約220万件（220万4251件。令和2年版『警察白書』）と、警察相談はここ10年で約1・6倍の増加を示しているため、こうした市民のニーズに適切に応える必要があります。

よって警察としては、特に平成末期において、〈相談〉に係る適正なシステムの構築や、〈桶川事件〉〈太宰府事件〉のような事件に迅速・効果的に対応するシステムの構築に努めてきました。以下ではまず、〈相談〉に係る現在の制度・システムを概観しましょう。

なお、私の世代の警察官だと警察に対する相談のことを〈困りごと相談〉と称するのが一般ですが、110番通報のところで論じたのと同様、これだと『困ったこと／困りごとなら何でも警察へ!!』という趣旨にとられてしまう可能性もあるため、〈警察安全相談〉なる用語を用いることと改められた経緯があります。更に——ちょっと退官後のことなので事情を存じませんが——近時においてはこれを〈警察相談〉〈警察総合相談〉あるいは単に〈相談〉〈相談業務〉と称している例が多いです（いずれにしろ、現在では定義が明確に示されていますので、名称にさしたる問題はないと思いますし、そもそも各都道府県警察は別個独立の別会社ゆえ、相談窓口の名称がそれぞれ異なることがあります）。

(1) 相談とは（警察に対する〈相談〉の定義）

警察は、警察が取り扱うべき〈相談〉のことを、

警察に対して、指導、助言、相手方への警告、検挙等何らかの権限行使その他の措置を求めるもの

と定義しており、かつ、

①地理教示、運転免許証の更新手続等の各種手続の教示《きょうじ》等の単純な事実の教示を除く

②単なる情報提供は含まない

とする一方、事案が〈事件〉として受理されていようといまいと、被害申告があれば、

③告訴・告発に係る相談その他の事件相談についても、相談に含める

としています。そして先の官房長の通達——相談通達は、そのような定義に該当する〈相談〉

は全て受理・組織対応の対象となると位置付けています。

ここで、定義などを御紹介したのは無論お勉強のためでなく、市民が警察にアクセスする際の注意事項を見るためです。

具体的には——警察が〈相談〉としているのは要は『警察に何らかの措置を求めるもの』で『単純な事実の教示・単なる情報提供は含まない』のですから、真剣に警察に「動いてほしい」と訴えたい市民は、「Aということをしてほしい」という要望、少なくとも「何らかの具体的な対応をしてほしい」「手段は分からないが、具体的な対応をしてほしい」という要望をすべきです（もちろん市民は警察活動のプロではないので、右で言うAが法律的・具体的である必要はありません。その具体的内容こそまさにプロと〈相談〉しつつ決めることです）。なお、未だ事件として受理されていない事案の相談もまさに〈相談〉に含まれるとのことですから、警察が動いていようといまいと、被害届・告訴が受理されていようといまいと、被害の申告さえすれば、〈相談〉として受理されることに何の影響もない——ということになります。

他方で、これをサボタージュを試みる警察官の側から見ると、相談を受理しないためには、『措置を求めていない』『手続を教わりたいだけ』『単なる情報提供だけ』『被害申告をする気はない』とすればよい。言い換えれば、話がそのような方向に進んだとき、結論が「事件でなければ動けません」に誘導されやすい——ということになります。

もちろん警察自身、様々な事件についての反省から、また根強い組織文化を踏まえて、そのような警察官が出現しかねないことを充分予想しています。よって相談通達は、全ての警察官に対し、

相談該当性の判断に当たっては、申出者《もうしでしゃ》の言葉から形式的に判断することなく、申出者の立場、申出者が置かれている状況その他諸般《しょはん》の事情を総合的に考慮し、実質的に判断すること。

と義務付けています（傍点筆者）。本音に翻訳すれば、『言葉尻《ことばじり》をとらえて門前払いせず、相談者が何の措置を求めているのか、あるいは事件として相談する気があるのか、プロとして中身をしっかり判断しろ』ということです。実際、相談通達は〈受け渋り〉〈処理の遅延〉といった不適正な取扱いを戒《いまし》めてもいます（これもお勉強のために御紹介しているのではなく、全国警察の全警察官に明文でそのような命令がなされている――という『武器』を御紹介しています）。

⑵相談の受理システム1～〈総合窓口〉の制度と機能（相談通達による）

警察組織のとりまとめや総合調整、あるいは対外折衝《せっしょう》をするのは総務部門・警務《けいむ》部門ですが、①警察署の総・警務部門と、②警察本部の総・警務部門に、相談を受理するための〈総合窓口〉が設置されています（設置しなければなりません）。要は県本社にも、各支店にも必ず

〈総合窓口〉が存在するということです。

ここで、実際に事件処理をし、あるいは具体的な警察措置を講じるのは、主として県内各支店たる各警察署です。また、例えば＃９１１０番で県本社に相談をした場合でも、具体的な担当機関・具体的な担当者となるのは、主として各警察署の警察官です。それぞれの警察署に管轄責任がありますし、よって発生する事件に第一義的に対処するのはそれぞれの警察署だからです。これを市民の立場から見れば、多くの場合、具体的な『担当さん』『担当刑事さん』として対応に当たってくれるのは、最寄りの警察署の警察官だということです。したがって、ここでは『警察署に相談があった場合』を例に説明します（重ねて、最初は警察本部に相談したとしても、結局は警察署に話が行くのが普通の流れです）。

さて、警察署に対する相談は、警察署に必ず置かれる〈総合窓口〉により受け付けられ、その処理が開始されます。ここで、この〈総合窓口〉は

Ⅰ　相談者の人定《じんてい》事項・相談概要を聴取し（Ⅲのための必要最低限の事項のみ）

Ⅱ　相談者の生命・身体に危害が及ぶおそれがあるなど緊急の対応を要するときは、直ちに警察署長等に報告しその指揮を受け

Ⅲ　警察署のどの課が処理すべきか、その〈処理部門〉を判断し

Ⅳ　〈処理部門〉が判断できないときは、副署長等に報告してその指定を求め

Ⅴ　以降の処理を速やかに〈処理部門〉に引き継ぎ

Ⅵ　受理した全相談について、相談を受理した日時・相談者の人定事項・相談概要・処理部門・管理のための番号を、相談一元管理のための〈管理簿〉に登載し

Ⅶ　その〈管理簿〉を用い、Ⅵの事項を副署長等に報告してチェックを受ける

ことを義務付けられています。

これを警察にアクセスする市民の立場から見れば、重要なのは、

緊急性があるなら、警察署長の指揮が要る（署長のチェックがないのは不当）

必要最低限の説明を終えれば、警察署の担当課・担当者は決まる（〈処理部門〉）

担当課・担当者が決まらないなら、副署長がそれを決定する必要がある

どのような相談でも、具体的な情報が総・警務部門が持つ〈管理簿〉に載る

ということでしょう。ゆえに、最初期段階で「事件でなければ動けません」問題が生じたとき、「このように義務付けられているはずですから動いてください」と主張することができます（とまれ、事件性を判断するのは〈処理部門〉で、それは右のⅤの引継ぎが終わった後のことになりますから、純然たる代表窓口であって、自身は事件を処理する義務も事件性を判断する義務も負わない〈総合窓口〉が、「事件でなければ動けません」問題を生じさせる可能性は小さいでしょう。実態論として、5分程度の事情聴取だけですぐ担当課に電話が回ることも稀《まれ》で

はありません。担当課の側は不満たらたらですが……）。

(3)相談の受理システム2〜〈処理部門〉の制度と機能（相談通達による）

警察署の〈総合窓口〉は、右のとおり警察署の〈処理部門〉に相談を引き継ぐことになります（なお総合窓口に対しては、要旨《ようし》『もう聴いたことは一緒に引き継げ』『相談者に余計な負担を掛けるな』という義務が課されています）。

ここで、この〈処理部門〉というのは、イメージとしては警察署の『刑事課』といった具体的なセクションのことです。無論、相談の内容に応じ、これが『生活安全課』になったり『交通課』になったりしますが、それは右のとおり〈総合窓口〉が判断しあるいは副署長が指定することですから、事前に市民の側が想定しておいたり名指しで頼んだりする必要は全くありません。市民には、警察署の各セクションの事務の切り分け方など分からなくて当然だからです。

また実際上、『刑事課』等の処理部門が——市民からすればオートマチックに——決まるということは、『担当さん』『担当刑事さん』もオートマチックに決まるということです。それはそうです。『刑事課』なるセクション自身はヒトではないので、それだけ決めたところで何も具体的な対応はできませんから。

——さてこのように『刑事課』『担当さん』といった〈処理部門〉が決まると、これらには次のことが義務付けられます。

- Ⅰ　速やかに、〈総合窓口〉から引き継いだ日時・相談者の人定《じんてい》事項・相談の内容・対応状況等を記載した、〈受理票〉を作成する
- Ⅱ　速やかに、Ⅰを警察署長に報告し、対処の方針について警察署長の指揮を受ける
- Ⅲ　以降の処理状況を記録化する
- Ⅳ　以降の処理状況を適時・適切に警察署長に報告し、必要な指揮を受ける
- Ⅴ　処理を終結するときは、警察署長の決裁を受ける
- Ⅵ　Ⅴを〈総合窓口〉に連絡し、その旨《むね》を相談一元管理のための〈管理簿〉に記載する

これを警察にアクセスする市民の立場から見れば、重要なのは

相談一元管理のための〈管理簿〉のほか、相談の1件1件について改めて〈受理票〉が『担当さん』によって作成される

相談の受理・処理・終結については、必ず警察署長の指揮が要る

ということでしょう。

そしてⅠ～Ⅵの段階は、要は『刑事課』『担当さん』によって具体的な対応が検討される段階ですから、〈総合窓口〉の段階よりも「事件でなければ動けません」問題が生じやすい段階

です。すなわち、市民と警察の紛議《ふんぎ》が生じやすいか、相互の誤解が生じやすい段階です。そこで市民としては、『担当さん』のサボタージュ等が懸念《けねん》されるときは、「きちんと受理票が作成されているか見せてください」「相談が受理されたこと／きちんと処理されていることについて、警察署長さんがどう報告を受けていて、どう判断をしているのか教えてください」と主張することができますし、もし対応が打ち切られてしまったとき等は「きちんと警察署長さんの指揮を受けてのことですか」「警察署長さんは具体的にどう判断されたのですか」と確認をすることができます。それはそうです。それらのことは、警察自身が用意・整備した右のシステムからして当然のことだからです。

⑷相談のチェックシステム～ヒューマンエラー防止のために（相談通達）

先の⑵⑶では、相談を受理した〈総合窓口〉に課せられている義務や、相談を処理する〈処理部門〉に課せられている義務を概観しました。

しかし過去の事例を見るに、もちろんそうした義務が適正に果たされなかったり、警察自身が用意した制度が適切に機能しなかったりと、そうしたことは当然予想されます（近時の実例も知っています……）。したがって、相談業務に係る『ヒューマンエラー』を防止するため、次のような制度が用意され、あるいは次のような義務が課されています。

Ⅰ　電話により相談を受けたときは、処理部門の判断・指定、〈管理簿〉への登載とその報告が――例えば少なくとも電話終了まで――遅れることがあり得ますが、そのようなときであっても、電話で事情を聴取した後、速やかにこれらの措置を行わなければならない旨《むね》、明文で義務付けられています。

Ⅱ　〈総合窓口〉ではなく、最初から〈処理部門〉に相談がなされることも当然想定されますが――例えば最初から『刑事課』等に直接出向いたときなど――このときは、『刑事課』等が市民に求められなくとも自分で〈総合窓口〉に連絡し、そして〈総合窓口〉が改めて先の(2)の受理の手続をとるなど、相談を警察として組織的・客観的に取り扱わなければならない旨、明文で定められています。

Ⅲ　警察本部（県本社）が相談を受理することも全く自然ですが（既述《きじゅつ》のとおり、警察本部にも必ず〈総合窓口〉がありますので）、しかし警察本部が、実際に事件を担当・処理する警察署に相談を引き継ごうとするときミスが生じやすいため、両者とも、その調整をする〈連絡調整窓口〉を設けなければならないほか、それによる〈引継ぎ方法〉も事前にそれぞれの都道府県警察の通達等で定めておかなければならない旨、明文で定められています。

Ⅳ　相談1件1件についての〈受理票〉については、それがキチンと作成されているか、そしてそれがキチンと警察署長に報告されているかを〈総合窓口〉が確認しなければならない旨、そして報告が遅れていたり報告がサボられているときは〈総合窓口〉が処理部門に対し指導を行わなければならない旨、明文で定められています。

V　まだ処理が終結していない相談については、〈総合窓口〉が、原則として月1回以上、相談一元管理のための〈管理簿〉に基づいて、処理の遅れや処理のサボりがないかなど、処理の進捗《しんちょく》状況を点検しなければならない旨、そしてその結果を警察署長に報告しなければならない旨、明文で定められています（遅れやサボりが認められたとき、警察署長が必要な指揮を行わなければならないのは当然ですが、それもまた明文で定められています）。

VI　相談者から相談についての——確認、苦情等の——要望があったときは、〈総合窓口〉がそれを受け付けなければならない旨、それを記録化しなければならない旨、処理部門に必要な連絡・指示をしなければならない旨、そして「これは警察組織として組織的に相談者を支援しなければ……」と認められるときは速やかに警察署長に報告しなければならない旨、明文で定められています。

(5) 相談の制度と活用——まとめ

以上、本書でいう相談通達（官房長通達《かんぼうちょうつうたつ》）に基づき、現在、警察が相談者のために用意している制度・ツールを概観しました。

右は警察庁の通達で、だから全国統一規格の通達で、ゆえにどの都道府県警察でも最低限、こうした制度・ツールを用意することを義務付けられますし、実際、既にそれらを整備しているはずです。実務上、警察庁からこのような『親通達《おやつうたつ》』が発出されますと、47都道府県警察の全てはそれに拘束され、また、それを実際に自分の県で適用・施行《せこう》しなければなりません。よって、それぞれの都道府県警察が『子《こ》通達《つうたつ》』を制定し、その運用を開始することとなりますし、そうしなければなりません。

——右のような制度・ツールを概観すると、どうでしょう、「意外にまともなルールを作っているんだな……」と感じていただけるのではないでしょうか？　個人的な／経験的な感覚で恐縮ですが、警察はいったん「やる」と決めたらその方向へ突き進む役所です。「やらなければならない」ことには四の五の言わずに取り組む役所です。しかしこれらのことと、具体的に対応する警察官がまともかどうか／具体的に対応する警察官がサボタージュを試みないかどうかは、全くの別論です。要は、『仏作って魂《たましい》入れず』の問題は常に懸念《けねん》されます。どれだけ御立派な制度・ツールを整備したとして、実際にその運用に当たる個々の警察官がいい加減だったら、まるで意味がありません。私自身、立派な制度が通達されたから全国警察の振る舞いがすっかり是正された——などと主張するほど身《み》贔屓《びいき》でもなければナイーヴでもありません。

要するに、何が言いたいか？

——要するに、右で御紹介した制度・ツールの全国統一規格の根拠は、既述《きじゅつ》のとおり

平成31年3月12日付け警察庁丙総《ヘイソウ》発第25号「相談への迅速・確実な組織対応のための総《そう》・警務《けいむ》部門における相談の受理・点検等の実施について」

なのですが、もし現場の悪い警察官に「そんなものは知らないよ」「それは警察庁の決まりでウチの県とは関係ないよ」などと嘘を吐かれたら、「この警察庁官房長通達に基づいて、ここの県でも必ず同じ内容の通達なり規程《きてい》なり訓令なり、ともかく明文のルールが発出されているはずです」「警察庁官房長通達とたとえ標題は違っても、最低限、その内容と同じルールがこの県でも決まっているはずです」「それを知らないというのなら、ただの確認不足か不勉強です」と主張できますし、それは警察実務上間違いなく真実です。

無論、そのような喧嘩《けんか》腰《ごし》のコミュニケーションにならないのが一番ですが……しかし全国統一規格の、しかも警察自身が市民のためを思って（『……被害の不安に困り苦しむ人に応える警察の確立に努めること』）整備・公開したルール／権利／武器がガン無視されるというのは、真っ当な警察官なら、まさかあってはならないことだと考えるはずです。

ゆえに市民としては、①せっかく整備・公開してくれたルールを知っておくとともに、②事情と事態によっては『明確な根拠に基づいて』権利を行使し、武器を使用しなければなりませんし、③それは真っ当な警察官に反感を抱かせたり真っ当な警察官を怒らせたりするものではないはずです。

そのような意味で、〈制度的な武器〉に関する知識は在って損をすることがありません。本節で御紹介した内容はやや複雑ですが、一般社会でこれを噛《か》み砕《くだ》いて説明したものにお目に掛かったことがありませんし、特に必要に迫られたとき実際の場で使えるように取りまとめたつもりですので、「事件でなければ動けません」問題に対処するためのマニュアル・説明書の1つとして御活用いただければと思います

（ここで、飽くまでもそうした活用の一例ですが――

例えば、警察において警察署長の権限と威光は絶大ですので、警察署長への『報告』なりその『指揮』なりは、現場警察官にとってかなり神経を遣う重要課題あるいは重荷です。

そして、それが明文のルールになっているということは、世に言う「責任者を出せ!!」「責任者は何て言っているんだ!?」が、署長本人が出てきて対応するかどうかは別論、制度的に保障されているということになります。これを知っているのと知らないのとでは、「事件でなければ動けません」問題への対処に際し、大きな違いが生まれるでしょう）。

被害届

第1章で見た〈太宰府《だざいふ》事件〉では、被害届を受理するしないが大きな問題となりました。より日常的にも、読者の方《かた》のうち少なからぬ方が、交番等で被害届を受理してもらったことがあるのではないでしょうか——自転車盗（窃盗《せっとう》）の被害は残念ながら日常的ですし、自転車盗ほどではないにしろ、空《あ》き巣《す》・忍び込みといった侵入盗（同）の被害も地域社会において稀《まれ》ではありませんから。

——さてこの〈被害届〉ですが、これは文字どおり『犯罪による被害の届出』です。犯罪捜査規範なる法令に根拠があります（第61条、及び別記様式第6号）。より具体的には、警察署長に対し、『次のとおり○○被害がありましたからお届けします』と、○○なる被害を受けたとする申告をするものです（○○には窃盗、強盗、傷害等々無数の例があるでしょう）。

なおこの『次のとおり……お届けします』云々《うんぬん》の文言は、被害届の書式に不動文字《ふどうもじ》として印字されていますし、その他の記載事項である

宛名・届出人・被害者・被害の場所・被害の模様・被害金品・犯人の住居氏名等（分かりません、が通常でしょうが……）・遺留品その他参考事項

といった必要事項も明確に書式化・テンプレ化されていますので、様式だけ見ると、被害者たる市民の側でも記載できてしまいそうな、シンプルなものではあります（一見して難しくなさ

そう)。

とはいえ、これは『犯罪による被害の届出』であり、そしてこの〈犯罪〉については第2章で概観したような、『要件1、要件2、要件3……を満たさなければいけない』といった専門的な問題もありますので、たとえ様式が極めてシンプルに見えても、それを具体的に埋めるに当たっては、〈犯罪〉等についての一定の専門知識が必要です。ましてこの〈被害届〉は、事件のいわばプロローグであり、事件の一件書類の冒頭に綴《つづ》られるほか、それ以降の全ての捜査の土台となります。もちろん事件の一件書類として、検察官にも裁判官にも送られ読まれます。

したがいまして、〈被害届〉の作成は、『次のとおり○○被害がありましたからお届けします』なる被害者自身による届出の体裁をとりつつも、多くの場合、その末尾に『以上本人の依頼により代書した。A県B警察署　司法警察員巡査部長　古野まほろ印』と記載されることになります。要は多くの場合、実際に様式を埋めてゆくのは〈犯罪〉等を確認してゆく警察官であって、被害者本人ではありません(もちろん被害者本人が書きたいと希望するとき、まさかそれは妨害等されないでしょうが、しかし現実問題として「じゃあ書いてください」と警察官に求められても、むしろ市民の方が困ってしまうと思います)。

——このように、警察官による代書こそがむしろ本則のようになっています。
これは、市民にとっても警察にとっても決して『悪い』『間違った』ことではないのですが、しかし……こうなると、あたかも警察官の方に『審査権』『決裁権』があるような感じにも見えてしまい、よってそこに「受理する」「受理しない」「動きます」「動けません」といった、裁量なりネゴシエーションなりの要素が発生してしまいかねません。

それは制度が想定することでも何でもないのですが、『頼んで書いてもらう』という運用が、サボタージュ等をしようとする警察官に悪用されてしまう可能性があるのは否定できません。あるいは、警察官に全く悪意がなくとも、〈犯罪〉等についての丁寧《ていねい》な説明を欠いたなどのため、市民の側が「受理を拒否された」「門前払いされた」「はねつけられた」と誤解してしまう可能性があるのも否定できません。

実際、警察組織自身も、〈被害届〉の受理をめぐっては、

業務の多忙を理由に被害届の受理を先送りしたり、複数の都道府県警察に関係する事案に係る被害申告への対応が不十分なため重大な結果を招いた事案が発生するなど、被害の届出の受理をめぐり不適切な対応が見られるところである。

とした上で、

各都道府県警察にあっては、これらの事案を重く受け止め、被害者の要望に応える迅速・確実な被害の届出の受理がなされるよう……徹底を図られたい。

と、役所としては極めて厳しいトーンで、戒《いまし》めの警察庁刑事局長通達を発出しています（平成31

年3月25日付け警察庁丙刑企《へいけいき》発第59号「迅速・確実な被害の届出の受理について」。以下単に『被害届通達』とします）。

これも広く知られてはいませんが、しかし先の相談通達同様、市民にとって〈制度的な武器〉となりますので、この『被害届通達』が全国警察に義務付けている、被害届に関係する制度・ツールを御紹介します。

(1)被害届の受理について（被害届通達等）

そもそも、犯罪捜査規範なる法令が「犯罪による被害の届出をする者があつたときは、その届出に係る事件が管轄区域の事件であるかどうかを問わず、これを受理しなければならない」と規定しているところですが（第61条第1項）、だから全国どこで発生した事件であろうと、全国どの警察機関に（警察本部、警察署、交番、駐在所……）被害届を出して構わないのですが、しかしこの規定だけでは被害者の便宜《べんぎ》を図る上で充分とは言えませんし、この『受理しなければならない』なる義務について、警察組織自身が率直にも『果たされていない場合がある』旨《むね》認めているのは前述のとおりです。

そこで、被害届通達は更に、全ての警察官に対し概略、次の義務を課すこととしました。

Ⅰ　そもそも、被害者・国民の立場に立って対応すること

Ⅱ　被害の届出の内容が、明白な虚偽又は著しく合理性を欠くものである場合を除き、

被害届を即時受理すること

III 明白な虚偽／著しく合理性を欠くという判断は、その場で聴取した内容から容易に判断できる場合にだけ行えること。言い換えれば、改めて捜査・調査すればそうなるだろうから、取り敢えず検討の時間をもらうといった時間稼ぎの対応をすることは許されないこと

IV もし、明白な虚偽／著しく合理性を欠くという判断で被害届を受理しなかったときは、その旨《むね》を書面に記録して、警察署長に報告すること

V 被害の申告を受けた警察官が別の事件に対処する必要があるなどのため直ちに被害届を受理できないときは、他の警察官に取り次ぐなどの適切な措置を講じなければならないこと

VI 管轄区域外の事件であっても、被害届は即時受理すること。ここで、被害者が都道府県をまたがって／警察署の管轄区域をまたがって被害に遭《あ》う可能性があるときは、関係する全ての警察署が関連情報を共有しながら緊密に連携すること

VII 被害届を代書するときは、特に簡潔明瞭《かんけつめいりょう》に表現するようにし、届出人の負担軽減に気を配ること

これを警察にアクセスする市民の立場から見れば、重要なのは

申告内容があからさまな嘘だったり、極めて支離滅裂《しりめつれつ》であったりと、〈犯罪〉〈被害〉を根本から疑わしめる内容でなければ、被害届は即時受理される

「しっかり検討しますから、それまで受理はしません」という対応は違法か、少なくとも不当である（検討はその場で為《な》されるものである）

「今忙しいので対応できません」という弁解も違法か、少なくとも不当である（代わりの警察官を立てるなどする義務がある）

関係者それぞれの居住地が違うなど、事案が広域的に発展するおそれがあるときは、キチンとその旨《むね》を伝えれば、関係する全ての警察署に「動く」義務が発生する

ことでしょう。このように警察も反省し、市民の要望にどうにか応えようとしています。

ここで市民の側が……例えば告訴マニア、被害届マニアなどが典型ですが……安易に、純然たる民事トラブルであったり御近所との諍《いさか》いであったりSNS上の喧嘩《けんか》であったり、そもそも〈犯罪〉〈被害〉が成立しないような事案を、いわば嵩《かさ》に懸《か》かって警察に持ち込み、「即時受理の義務があるんだろう!!」「すぐに検討しなきゃいけないんだろう!!」などという態度に出ると……そもそも歴史的・実際的に右のような純然たる民事トラブル等の事案が非常に多いことに鑑《かんが》み、せっかく反省をした警察の側も「やっぱりもう少し対応を厳格にしなければ……」と、逆コースに入ってしまうおそれがあります。

　したがいまして、右のような市民の〈制度的な武器〉を使用するに当たっては、市民の側に、真摯《しんし》な姿勢と『警察を協働者・同盟者と見る姿勢』が必要だと思います。また必要に応じ「自分は民事トラブル等に警察を利用しようとしている訳ではない」「自分自身でやるべきことは自分で費用を投じて行う」旨《むね》をキチンと説明する責任も生じると思います。

⑵被害届の管理等

　そもそも、犯罪捜査規範なる法令が「犯罪事件を受理したときは、警察庁長官……が定める様式の犯罪事件受理簿に登載しなければならない」と、被害届等の簿冊《ぼさつ》管理義務を課しているところですが（第62条）――だから被害届が無くなったり握りつぶされたり無視されたままになることはないはずですが――本書にいう被害届通達、及び別の刑事企画課長通達（平成31年3月25日付け警察庁丁刑企《テイケイキ》発第59号「届出人に対する書面交付の本実施について」）等により、全ての警察官に対し概略、次の義務が課されています。

Ⅰ　被害届を提出した届出人に、警察への問い合わせ、警察との連絡等の便宜《べんぎ》を図るため、問い合わせ等の連絡先を示す書面が用意できる旨《むね》説明すること

Ⅱ　Ⅰの書面を求める届出人に、被害届の届出の日時、問い合わせ等の連絡先を記載した書面を交付すること

Ⅲ　必要に応じ、Ⅰの書面に、被害届の受理番号の確認先、被害届を受理した後の捜査の流れ等の記載を加え、届出人の利便性に気を配ること

右の〈書面〉は、警察が例えば『被害届を提出したことを証明する』『犯罪に遭《あ》ったことを証明する』『被害が生じたことを証明する』法律的な書類ではなく、飽くまで被害届に係る問い合わせ・相互連絡の便宜《べんぎ》のための事実上の書類なのですが――よって例えば、これを武器代わりにして民事トラブルで優位に立とうとするのは不当で、事によれば違法ですが――それでも市民にとって有益なものと言えます。『私の事件は一体どうなったんだろう？』『最近担当さんから連絡がないけど大丈夫かな……』といった不安を覚えたとき、直接の問い合わせ先が分かりますし、だから処理状況の説明を受けることも可能になるからです。特に捜査が難航し長期化しますと、日常的な事件であっても月単位で連絡が来ないこととなりますが、それは警察官にとって全く日常的で正当なことであっても、市民にとっては「無視されているのかも」「捜査をしていないのかも」という疑念を（当然）生じさせます。よって、市民と警察の意思疎《そ》通《つう》のパイプを用意しておくことは有益です。

また、本書で幾度も採り上げているとおり、そして被害届通達も認めているとおり、現実に「無視されている」「捜査していない」という残念な事態も生じ得ます。よって、次に掲げるのは各都道府県警察の通達・規程・訓令等でそれぞれの定め方をされていることですが、『被害

届の管理』と『捜査の組織管理』については大抵、

Ⅳ　そもそも全ての被害届の様式に、事前に、連番で一連番号・固有番号を付しておき、実際に使用されたもの／まだ使用されていないものが分かるようにする（よって捨てられなくなるし、誤魔化《ごまか》せなくなるし、握れなくなる）

Ⅴ　被害届は、Ⅳの一連番号、被害届の〈管理簿〉そして〈管理責任者〉により一元管理・組織管理する

Ⅵ　〈管理責任者〉は、例えば毎月1回、被害届の作成状況と〈管理簿〉を確実に照合して厳格に管理する

Ⅶ　〈未処理事件管理簿〉を備え付け、例えば毎月1回、警察署長の決裁を受ける

といった、サボタージュ抑止の制度が設けられているところです。

⑶被害届についての市民の注意事項

⑴⑵のとおり、例えば被害届の受理を渋る警察官の発生を抑止する制度・ルールが整備されているところですが、といって「被害届を受理しない」全ての警察官が違法不当なことをしている訳ではありません。「受理したくても受理できません」という場合、そしてそれが適法妥当な場合も当然存在します。

例えば、(1)のとおり今では被害届は原則『即時受理』となりましたが、だからといって、例えば街頭を警らしている警察官をつかまえて「即時受理の義務があるだろう、この場で被害届を作成して受理しろ」というのは不当……というか物理的に無理ですし、また、例えば窃盗事件で現場臨場して捜査活動を行っている刑事をつかまえて、同様の要求をするのも不当であり物理的に無理です。

被害届の提出は一定の書面を役所に提出することですから、物理的に様式《ヨウシキ》（書類そのもの）を持っていなければ即時受理も何もありませんし、警らなり現場活動なりにおいて様式を携行する義務はありません。被害届の受理は、そもそも第2章で述べたような〈犯罪〉についての専門的な判断が必要となるタスクですから、基本、市民と警察官とが、屋内で対面しながら、所要《しょよう》の事項を1つ1つ、それなりの時間を掛けて確認しながら書面を埋めてゆくべきものです。誰も市役所、税務署、消防署の職員に街頭で行政書類を作成してもらおうとは思わないでしょうが、そうした常識は警察官に対しても発揮されるべきでしょう。要は即時受理の『即時』を、右のような意味で誤解・濫用《らんよう》するのは慎《つつし》むべきです。

また例えば、被害届は「その届出に係る事件が管轄区域の事件であるかどうかを問わず、これを受理しなければならない」のですが（前述の犯罪捜査規範第61条第1項。また被害届通達も念押しでこれを規定）、そうした法律論と実務はまた別です。「そうできる」ことと「そうした方がよい」ことは全く別です。

この場合で言えば、例えば事件発生地を管轄するのがA警察署、今被害者が住んでいるのがB警察署管内《かんない》だとすると——ABはお隣さんの場合もあれば100km離れている場合もあるでしょうが——管轄責任があるのはA警察署、そして特段の事情がなければ、引き続きの捜査を担当すべきなのもA警察署でしょう。極度の一般化はできませんが、例えば東京駅で強盗の被害に遭《あ》ったとき、被害者の住んでいるのが大阪府だとして、初動《しょどう》警察の段階からずっと具体的な捜査活動をしなければならないのは警視庁であり、この場合管轄の丸《まる》の内《うち》警察署です。このとき、大阪府警察から新幹線で刑事たちを呼んで、東京において現場の実況見分なり目撃者捜査なり防犯カメラ捜査なり……をさせるのは不合理です。

さてそうしますと、この例の強盗被害者としては、犯罪捜査規範等の規定によれば、大阪府警察のどの警察署に被害届を出しに行ってもよいしそれは原則即時受理されるわけですが（それどころか、何のメリットがあるかは別論、鹿児島県警察に行っても北海道警察に行っても法令上は問題がないことになりますが）……しかし捜査の流れとして当然、『東京の、丸の内警察署に呼ばれて事情聴取を受ける』『丸の内警察署に呼ばれて実況見分の立会いをする』こととなります。要は、大阪府警察に被害届を出しても、その後は管轄警察署を——時に幾度も——訪問しなければなりませんし、東京における警察の活動に立会い等をしなければなりません。これは結局の所、どうしても避けられない負担です。

ならば、この強盗被害者としては、最初から警視庁に（丸の内警察署に）被害届を出すのが合理的です。そして最初からそこで決まる『担当さん』『担当刑事さん』とやりとりして、人間関係を構築する方が合理的です。

したがいまして、この例の強盗被害者がもし『大阪府警察に被害届を提出しようとした』ときは、警察のシステム上、「もちろんこちらでも受理できますが、実際に捜査をするのは東京の警察になりますので、事件はそちらに引き継ぎますし、具体的な捜査を行うのもそちらになります、だから一定の負担があります、それでもよいですか？」という説明がなされ、最終的な意向確認が行われることとなっています。これはもちろん適法妥当で、即時受理の原則を無視している訳でも、被害届の受け渋りをしている訳でもありません。

右の東京－大阪の例は、極めて単純化した例ですが、事件によっては3警察署、4警察署が絡《から》むなどという事態もまま生じます。ですので、『事件発生地を管轄する警察署が分からない』とか『どこが担当する警察署になるのかが分からない』とか、そうしたときは積極的かつ率直に「どこの警察署に相談を／被害申告をするのがよいですか？」「関係先が多いのですが、どこへ行けばよいのか分かりません」と、取り敢えず訪問できる警察署に訊いてみるのが一番です。というのも、被害届通達はそのような場合についても概略捜査することが適当な警察……に対し確実な連絡を行うこと。
という義務を、警察官に課しているからです。

(4)恋《レン》もつ事案その他の人安《ジンアン》事案における特殊性

これまでは概して、被害届の『受け渋り』『サボタージュ』の問題を考えてきましたが、実は、全くさかしまの問題もあります。いわば『出し渋り』『ためらい』の問題です。

特に、いわゆる〈人身《じんしん》安全関連事案〉——すなわち『恋愛感情のもつれに起因する暴力的事案、行方不明事案、児童・高齢者・障害者虐待《ぎゃくたい》事案等の人身の安全を早急に確保する必要の認められる事案』においては、

①こうした事案がまさに現在進行形という特徴を持ち（相談中も進行する）
②よって事態が急展開して重大事件に発展するおそれが大きいばかりか
③加害者の執着心・支配意識も非常に強いため強い殺意を有するに至っている場合があるなど
④検挙されるリスクを無視して大胆な犯行が行われる傾向がある

にもかかわらず、例えば、被害者が加害者との一定の人間関係を尊重するあまり、あるいは被害者が加害者の報復を恐れるあまり、「被害届まで提出するつもりはありません」「被害届まで

提出すべきかどうか、迷っています」等と、警察からすれば被害届の『出し渋り』（適切な言葉ではありませんが……）をしてしまうことがままあります。これなど「事件でなければ動けません」どころか、被害者が「事件ですが動かないで」と頼んでいる状況です。少なくとも「事件ですが捜査しないで」と頼んでいる状況です。

ここで〈恋《レン》もつ〉〈人安《ジンアン》〉といった用語は、警察自身が用いている既にこなれた略語であり、警察組織における近時最大最優先の課題、言葉を選ばなければ最上位にあるトレンドです。そのことは無論、本書で検討してきたような諸失敗に係る反省に立脚しています。よって警察としては、このような『出し渋り』の場合においても、警察官に対し

……被害者等に被害の届出の意思がない場合、これをそのまま受け入れるのではなく、事件化を図らない場合に起こり得る事態について十分に説明した上で、被害者等に被害の届出の働き掛け及び説得を行い……事案を見極めるよう努めること。警察署長は、担当者が被害者に被害の届出の意思がなく事件化を図らないと判断した場合には、さらに慎重に検討を加え、事案を見極め事件化の要否を判断すること。（平成31年3月29日付け警察庁丙生企《ヘイセイキ》発第71号ほか「恋愛感情等のもつれに起因する暴力的事案への迅速かつ的確な対応の徹底について」。傍点筆者）

という義務を課してまで、「事件ですので動きます」という姿勢を明確に打ち出しています。

まして法律論としては、警察は、たとえ被害届の提出がなくとも逮捕・捜索といった捜査活動を行うことができますし、保護・警告といった権限を行使することができます。被害届の提出前にこれらをすることは全く適法で、それを禁ずる法令は存在しません。

しかしながら……

我が国の警察実務一般としては、被害届の提出（又は被害者供述調書の作成）がない場合、被疑者の逮捕に至る強制捜査を実施すべきでない――と自己抑制するのが通例で通説です。というのも『最大の当事者である被害者の協力と希望がないのに、捜査手続を進行させ、被疑者の人権を制約する措置をとってまで事件を立件するのは適切でない』『被害者の意思に反する強制捜査はすべきでない』と考えられてきたからです。これゆえに、右に引用したような、被害届提出のための『働き掛け』『説得』を行う必要に迫られる場合があるわけです。これは法令による要請というより、実務慣行による要請、被害者尊重の考え方による要請です。

まとめますと、現行の実務においては、少なくとも逮捕等の強制捜査を実施するのであれば／強制捜査を求めるのであれば、被害届の提出は必要だと、こういうことになります。

個別具体の事案において、『加害者による被害』と『加害者との人間関係』とに甚《はなは》だ苦しむ被害者が、いざ被害届の提出についてどう判断するかは、一概に論じることのできない難しい問題ですが……右のような事情から、警察は被害届が出なければ「動きたいのに動けません」

ということになってしまいかねないため、関係警察官の説得等を踏まえ、『いのちだいじに』な判断をすることがベストです。このとき、近時の警察としてはまさか〈恋もつ〉〈人安〉について「事件でなければ動けません」「事件にさせてください」などということを言うはずがない、むしろ「事件にしなければ守れません」という姿勢を明確に打ち出しているということを、被害者の方も、あるいは市民一般も知っておくべきだと思います。

告訴

犯罪の被害に遭《あ》ったとき、理論的には、右の〈被害届〉を提出する場合もあれば、〈告訴〉をする場合もあります。第1章で御紹介した『桶川《おけがわ》事件』においては、告訴の取扱いに係る不祥事が大きな問題となり、関係警察官は刑事処分まで受けていましたね。

(1) 被害届と告訴

では〈被害届〉と〈告訴〉はどう違うのか？

極めて法律的・教科書的に言えば、〈告訴〉とは

犯罪事実を申告し、犯人の処罰を求める意思表示

とされます。ここで先の、〈被害届〉についての説明を思い出してください。被害届は、『次の

とおり○○被害がありましたからお届けします』という、被害を受けた事実の申告でした。他方でこの〈告訴〉は、『誰某《だれぼう》による○○の行為は、××に規定する△△の罪に該当すると認められますので、捜査の上厳重に処罰されたく告訴いたします』というスタイルで作成されてゆくもの。よって両者の最大の違いは、処罰意思、犯人の処罰を求める意思表示があるかどうかです。被害届はそれのない『お届け』で、告訴はそれがある『請求』です。

(2) 告訴の効果

そして告訴については、法律論としては、刑事訴訟法が『速やかにこれに関する書類及び証拠物を検察官に送付しなければならない』（第242条）と規定していますので、警察に『捜査義務がある』『捜査義務を課すもの』『その点において被害届と異なる』と説明されることがあります。また前述の犯罪捜査規範なる法令も、『告訴……があった事件については、特にすみやかに捜査を行うように努め……なければならない』（第67条柱書き、傍点筆者）と規定しているところです。

これらの法令を受け、警察実務としても、告訴事件については『警察本部への報告義務』があるほか、警察本部の厳格な『捜査管理』を受けることになりますし、右の『特にすみやかに』という義務を意識した、いわば尻叩《しりたた》きも行われます。

また『親告罪《しんこくざい》』と呼ばれる一定類型《るいけい》の犯罪については、そもそも告訴がなければ、検察官が起訴をすることができません。よって『親告罪』については、刑事裁判における有罪判決を目的とするのなら、最終的には、被害届の提出でなく告訴をする必要があります。

(3)被害届より告訴がよい？（警察の告訴嫌い？）

こうした法律論あるいは教科書的な説明から、警察を動かすには〈被害届〉よりも〈告訴〉の方が適切で、〈告訴〉によってこそより強力に被害者の権利が守られるのだ、だからこそ警察は〈告訴〉の受理を嫌い、受け渋り、門前払いし、どうにか切り抜けようとするのだ……と、メディア・ネット等で説明されることがあります。そのような説明は極めて多数派、というか圧倒的多数になっています。

――しかしながら、現実の警察実務・捜査実務をつぶさに見ると、それは正確な説明でも妥当な説明でもありません。

確かに、被害届が『お届け』で告訴が『請求』であるのは事実です。告訴が『処罰意思』を明確にするものであるのも事実です。告訴事件について、特に速やかに捜査を行う努力義務が課せられるのも事実です。

ですが、なら〈被害届〉が出されたとき警察は捜査を回避できるのか、警察に捜査義務は発生しないのか、というと——真っ当な刑訴法の教科書なら必ず書いてありますが——そんなバカなことはありません。

例えば、警察等が捜査を遂《と》げた事件の被疑者のうち、告訴事件の被疑者は年間で約４３００人ですが（類似機能を持つ〈告発〉を含めても約５５００人）、だから警察等が告訴をきっかけに捜査を遂げた被疑者は年間で約４３００人ですが、他方で、警察等が１１０番通報なり被害届なりをきっかけに捜査を遂げた被疑者は年間で約28万人であり（２０１９年『検察統計調査』）、結局の所、警察が捜査を遂げた被疑者の約97％が告訴以外をきっかけ＝端緒《たんちょ》に捜査をされています。この約28万人なり約97％なりを『捜査義務のないもの』『告訴より弱い制度をきっかけとしたもの』などと位置付けるのは、常識で考えて無理があるでしょう。むしろ実態としては、そちらの方《ほう》が圧倒的な多数派・王道であり、少なくとも『告訴でなくても警察はキチンと動くものだ』と考えた方が素直です。無論、念《ねん》の為《ため》ですが、法令上も例えば先の犯罪捜査規範なる法令が、

警察官は、犯罪があると思料するときは、捜査の着手に先だち、順を経て、警察本部長または警察署長に報告し、その指揮を受けなければならない（第76条、傍点筆者）

捜査の着手については、犯罪の軽重および情状、犯人の性格、事件の波及性および模倣性、捜査の緩急等諸般の事情を判断し、捜査の時期または方法を誤らないように注

意しなければならない（第77条、同前）と明確に規定していまして、要は刑訴法ともども（刑訴法第189条第2項参照）、きっかけが被害届であろうと告訴であろうと110番通報であろうと相談であろうと何であろうと、全部ひっくるめて『犯罪があると思料《しりょう》するときは』警察官は捜査をするものなのだ、という旨《むね》を明確にしています（告訴について規定されているのは、『特にすみやかに』という義務であって、それとの対比上も、『告訴事件以外の事件に捜査義務はない』とか『被害届の受理だけでは捜査義務は発生しない』とか、そのような乱暴な一般化はできないと考えられます）。

以上を要するに、警察に『動いてもらう』ことを考えるとき、被害届よりも告訴の方が強力で効果的だとは必ずしも言えませんし、どうしても告訴でなければならないという場合はない——とまとめられます。無論、先に触れたように、〈親告罪《しんこくざい》〉なるタイプの犯罪については結局の所は告訴が必要となりますが、それは検察官が事件を起訴する段階においてどうしても必要なものであって、警察が事件を捜査する段階において不可欠なものではありません（例えば〈親告罪〉であっても、警察は告訴なくして逮捕・捜索・保護・警告といった警察活動を行うことができます）。

なお、もちろん右のことは、市民が最初から〈告訴〉という手段／ルートを採用することを妨げません。被害届の提出も、告訴も、どちらも市民の権利だからです。

⑷警察が告訴に対し『身構える』事情

〈告訴〉にあっては実務上、〈被害届〉より受理のコスト、受理のハードルが高いです。例えば警察に告訴状を持って行っても――時に弁護士に作成してもらった告訴状を持って行っても――実際上、担当する警察官の厳格な『チェック』を受け、またその警察官と内容をめぐって綿密《めんみつ》に『協議』することとなり、あるいはその不備・不足点について様々な『宿題』が出、『補正《ほせい》』を求められることがしばしばです。

しかしこのような現象が生じるのは、警察が⑵で述べたような、告訴事件についての『警察本部への報告義務』『厳格な捜査管理』『特に速やかにという義務』を毛嫌いしてのことではありません。無論、公平に考えて、そのような下心のある警察官が皆無《かいむ》とは言えませんが……しかし問題は、そういうケシカラン警察官がいるという安直で解りやすいバグではなく、もっと構造的な隘路《あいろ》です。具体的に見ます。

――告訴事件については、特に速やかに捜査を行う努力義務があるほか、速やかに書類及び証拠物を検察官に送付しなければならないこととされています。これはもう見ました。ここで、警察が事件を検察官に送るのは、目的があってのことです。送る目的は当然、『起訴してもらって確定有罪判決を獲《え》る』ことです（警察にはその権限がありませんので、これらのことは検察官・裁判官に『お願いする』こととなります）。要は『犯罪者にキチンとしかるべき刑罰を与える（与えてもらうようにする）』ことが目的です。そのために警察は、それぞれの事件について、人員・予算・時間等々の〈捜査資源〉を用います。〈捜査コスト〉を投じます。これはやや古典的・伝統的な説明ですが、今はイメージを優先させます。

ここで、犯罪者に確定有罪判決を出してもらうためには、無論、それだけの証拠が必要です。〈捜査資源〉〈捜査コスト〉を費やすのは、具体的には、証拠を獲得するためです。証拠を獲得し、犯罪者による犯罪があったことを証明するためです。そしてこの証明のため、『自白』という証拠が長い歳月偏重《へんちょう》されてきたのは御案内のとおり。それに伴い、警察側の不適正事案が生じあるいは犯罪すら行われた実例があるのも御案内のとおりです。

さて、そうなりますと。

現代の捜査は、そうした実例の反省を踏まえ、自白偏重主義を脱却し、客観証拠で勝負するものでなければなりません。無論、我が国の刑事法制上、自白は依然として最重要の証拠で在り続けています。そして刑法、刑事訴訟法等の抜本的な／ゼロベースの改正がないかぎり、それは必然で、かつ必然で在り続けます。しかしながら現代の捜査は、第1章で多少触れたとおり、『自白を取り除いたとき、この事件で確定有罪判決を獲《え》ることができるのか？』『自白をまるで無視し無かったものと仮定したとき、それでも被疑者の犯罪は証明できるのか？』という形で捜査管理されますし捜査管理されなければなりません。『自白がどうあろうと（最終的に完全否認《ひにん》だろうと）客観証拠だけで有罪にできる』という捜査管理あるいは立証構造が求められます。それは自白偏重主義や、それに起因する諸々《もろもろ》の不適正事案／ケシカラン犯罪への深い反省から生まれた、当然のパラダイム・シフトであり当然の処方箋《しょほうせん》です。

ところが……

これを言い換えれば、『自白以外の客観証拠が充分そろっていなければ、起訴されない』『自白を無視しても充分な客観証拠が積み上げられていなければ、検察官の審査を通過することができない』ということにもなります。重ねて、被疑者を起訴して確定有罪判決を獲《え》る仕事をしてくれるのは、警察官でなく検察官だからです。またこれを言い換えれば、警察が送る事件について、『検察官の審査のハードルが上がっている』ということにもなります。要するに、これまでのやり方は通用せず、なまじの証拠、なまじの立証構造では検察官の納得・同意が得られず、結果、どれだけ〈捜査資源〉〈捜査コスト〉を投じても結局は起訴してもらえない——という現象が生じやすくなっています。

そしてこのことは、警察側に、極めて慎重な姿勢をとらせることになります。

それは具体的には、『自白以外の客観証拠が充分そろっていて、検察官も素直に起訴してくれるほどの勝ち目がなければ、勝負に出られない／勝負に出るべきではない』という慎重な姿勢です。するとこの慎重な姿勢が、市民からの告訴を『チェック』『協議』『補正の求め』という形で慎重に吟味《ぎんみ》することに直結してしまう。これは、もう見やすい道理です。

そうならざるを得ません。

告訴事件については『警察本部への報告義務』『厳格な捜査管理』『特に速やかにという義務』等々の縛りがありますので。だから、確実な勝ち目を持って〈捜査資源〉〈捜査コスト〉を投入しなければ、どれだけ懸命に頑張ったところで検察官に『こんなの全然駄目《だめ》ですね、まさか起訴できると思っている訳ではないでしょう？』とアッサリ門前払いを食らってしまいますので。これすなわち、警察捜査における最重要目的の1つがまるで達成できないばかりか、それまでに延々《えんえん》突っ込んだ〈捜査資源〉〈捜査コスト〉がまるで無駄になるということを意味します。そして警察の〈捜査資源〉〈捜査コスト〉というのは、市民が想像するより遥《はる》かに乏しく限定されたものです。よほど適正な経営判断をしてゆかなければ、あまりの業務負担にパンクするほど限定されたものです。

端的《たんてき》には、告訴事件については、①『起訴』『確定有罪判決』という大きな目的が達成できるだけの客観証拠が既に存在するか、②これから確保できるだけの確たる見込みがないかぎり、警察としては捜査資源・捜査コストの投入に、極めて慎重にならざるを得ない——ということです。

また端的《たんてき》には、自白偏重主義を改めて冤罪《えんざい》を生じさせないようにするという正しい目的が、結果として客観証拠に乏しい告訴の受理をためらわせる／そのような告訴の受理を極めて慎重にさせるという、市民にとっては残念な副作用を生んでしまっている――ということになります。もっといえば、市民は、自白偏重という病理を免《まぬか》れるため、客観証拠を市民自身で（一定程度）そろえなければならなくなった、ということです。

……無論、ここで今《いま》述べたことだけが告訴の難しさ、告訴受理の問題点ではありませんが、告訴受理の問題点を警察官のサボタージュだけに求める言説は、安直で不公正です。警察が告訴に身構え、警察が告訴受理に二の足を踏みがちであることには、我が国刑事法制の実態からくる、構造的な問題があるのです。

ただし……

そのような構造的な問題は、①市民にとって理解しやすいものではなく、また、②そもそも告訴をする権利を有する市民にとって極論関係ない事情である――ということが、問題を更に難しくしていると言えるでしょう。

⑸告訴の受理システム～受理促進《そくしん》のための制度・ツール

さて本書において繰り返し述べているとおり、市民と警察は敵対者ではなく同盟者です。よってどのような専門的な事情があろうと、『市民に対して客観証拠の用意を過度に求める』のは酷《こく》な話です。酷であるばかりか、具体的な局面においては不健全で、時に不適正でもあります。自分の権利を適正に行使しようとする市民が、理解不能なボトルネックや隘路《あいろ》に苦しむのは、まさか警察の望むところではありません。よって警察自身も、

　告訴……の相談をしても、疎明《そめい》資料が十分にそろっていない、他の警察署が主として捜査した方が効率的であるなどの理由により、受理を保留したり、他所属を紹介して受理を拒む例があるなどの苦情が依然として寄せられている。

という反省に立つとともに、

　被害に苦しみ犯人の処罰を求める国民にとって、警察は最後のよりどころであり、国民からの告訴……に迅速・的確に対応することは、警察に課せられた大きな責務である。各都道府県警察においては、告訴……の的確な受理・処理の重要性を再度確認した上で……被害者・国民の立場に立った迅速・的確な対応を徹底されたい。

と全国警察に通達をし、告訴の受理・処理について、市民が活用できる具体的なシステムを整備しています（平成31年3月27日付け警察庁丙刑企発《ヘイケイキ》第41号ほか「告訴・告発の受理体制及び指導・管理の強化について」、及び、同日付け警察庁丁刑企発《テイケイキ》第44号ほか「告訴・告発の受理体制及び指導・管理の強化に係る具体的留意事項について」。なお改行等変更。以下単に両者を『告訴通達』とします）。

告訴通達により、全国警察の警察官に義務付けられている事項は、概《おおむ》ね次のとおりです。

Ⅰ　警察署に、担当課・担当警察官決定以前の段階で告訴についての相談等を一括して受け付ける、〈警察署告訴・告発センター〉を設置すること（なおセンターの具体的な名称は、各都道府県警察において様々です）

Ⅱ　警察本部に、同様の〈本部告訴・告発センター〉を設置すること（同右）

Ⅲ　〈警察署告訴・告発センター〉は、警視又は警部の〈対応責任者〉と、警部又は警部補の〈対応担当者〉をもって構成すること

Ⅳ　〈本部告訴・告発センター〉は、警視の〈責任者〉と、警部の〈対応担当者〉をもって構成すること

Ⅴ　〈警察署告訴・告発センター〉は、告訴受理の可否を検討する窓口となるが、その判断が難しいときは、〈本部告訴・告発センター〉に報告して意見を求めなければならないこと

Ⅵ　〈警察署告訴・告発センター〉が告訴を受理したときは、それを処理すべき〈警察署事件担当課〉を決定する必要があること

Ⅶ　〈警察署告訴・告発センター〉は、自分の警察署が取り扱う告訴の相談・受理・捜査状況を把握し、その状況を〈本部告訴・告発センター〉に報告する必要があること

Ⅷ 〈本部告訴・告発センター〉が直接告訴を受理したときは、それを処理すべき警察署を決定した上で、その警察署の〈警察署告訴・告発センター〉に引き継ぐこと

Ⅸ 〈本部告訴・告発センター〉は、〈警察署告訴・告発センター〉に対し、未処理事件の解消等に必要な指示・指導を行う必要があること

これを警察にアクセスする市民の立場から見れば、重要なのは、

県本社である警察本部にも、各支店である警察署にも、告訴の相談等を一括して受け付ける窓口が必ず設置されること（警察本部や警察署の具体的な課を調べ、担当する課に相談等する必要はないこと）

それら窓口の責任者は、管理職である警視・警部であること

告訴についての判断が難しいときは、警察署の窓口と警察本部の窓口が協働して判断することとされていること

告訴の相談がどう処理されているのか等は、警察署の窓口と警察本部の窓口が情報共有して実態把握しておかなければならないこと

告訴のあった未処理事件については、警察本部の指示・指導といった介入がなされること

でしょう。無論、これについても当然、『仏作って魂《たましい》入れず』の問題は生じ得ますが、しかしI～IXが告訴の取扱いに係る全国警察最低限の共通規格であることを踏まえれば、I～IXにそぐわない事態が発生したとき、市民としては「このように決まっているはずです」「ルールは全国で共通のはずです」等々と主張することができます。警察自身がわざわざ用意してくれた制度・ツールを有効活用しない手はありません。

以上、本章においては、「事件でなければ動けません」問題が発生したとき等に使える、警察を動かすツールとその実際を、〈110番通報〉〈#9110番〉〈初動警察〉〈相談〉〈被害届〉〈告訴〉について概観しました。概観するに当たっては、『根拠は何か？』『ルールは何か？』といったタテマエ論と同時に、『実際はどうか？』『どのように使えるのか？』といった現実論を提示してきたつもりです。

一般に、警察の具体的な仕組みを理解するに当たっては、一定の法令は無論、通達レベルまで検討しなければならず、それは市民にとって甚《はなは》だ困難です。しかし警察も役所であり、役所を動かすにはまず理屈・根拠・ルールが必要なことから、重ねて『どのように使えるのか？』という実際的な側面を重視しつつ、類書にない情報を整理してきました。

最後に次の終章では、より噛み砕いた形で、警察を動かす／警察にアクセスするに際しての、実際的なＦＡＱをお示しします。

第4章

警察アクセスFAQ

本章では、これまでの章で検討してきたことを踏まえ、具体的に警察にアクセスする際に有用となる、ＦＡＱを示します。

なお当然ですが、これは市民としての私が――元警察官としての経験等に基づき――判断したことを列挙したものですので、警察組織自身の公的な見解ではありません。内容に誤りがないことを期しますが、『絶対に警察に通用するオフィシャルなルール』『必ず警察を従わせることができる公的なツール』ではない、、、ことに留意してください。

また余談《よだん》めきますが、市民と警察は本質的に協働者・同盟者ですから、必要なのは『問題解決を指向した』話し合いと相互理解です。よって、金科玉条《きんかぎょくじょう》を振り翳《かざ》し『権利を勝ち獲《と》る』『正しい対応のためにたたかう』という姿勢は、少なくとも、、、、私は百害あって一利ないと考えています。警察にアクセスする際の〈権利〉〈武器〉〈システム〉は、相互理解の促進剤であるべきです。

――警察への相談は、具体的にどこにするのがよいですか？――

現在では、第３章で御紹介した相談通達等によって（１２７頁参照）、各都道府県警察の本社である警察本部にも、支店である警察署にも、相談に対応してくれる相談専用の〈総合窓口〉が設置されています。

そこに電話・訪問によってアクセスすれば、必要な事情聴取は——あからさまないたずら等でないかぎり——確実にしてもらえます。

またその事情聴取の結果、何らかの警察活動・警察措置が必要との合意に至れば、最初にアクセスした〈総合窓口〉が、自動的に『担当課』『担当さん』『担当刑事さん』といった〈処理部門〉を判断し、自動的に引き継いでくれます。

よって一般論としては、電話の方法によるならネット等で、①警察本部か警察署の〈総合窓口〉の電話番号を調べそこに架電するか、②警察本部か警察署の代表番号を調べそこに架電して、電話交換の人に「相談があるので、窓口につないでください」等と申し出れば足ります。

また訪問の方法によるなら、①警察本部の建物に直接赴《おもむ》いて、エントランス近くの受付で「相談があるので、〈総合窓口〉をお訪ねしたいのですが」と申し出るか、②警察署の建物に直接赴いて、案内窓口で同じことを申し出れば足ります。

なお、予約はすべきかどうか、あるいは最初から『刑事課』等のセクションを直接訪れるべきかどうかは別項で示します。

いずれにしろ、電話であれ訪問であれ、〈総合窓口〉の警察官であれ〈処理部門〉の警察官であれ、相手《あいて》方《かた》の『姓』『所属（〇〇課など）』『職名（〇〇係長など）』『折り返しの連絡先』

は真っ先に確認し、もし確認し損ねたら終了までに訊いておきましょう。また、『相談の日』『相談開始時刻～相談終了時刻』『相談の場所（自宅から）（〇〇警察署）』、あるいは、訪問の場合に他の出席者があればそれが何者かも、全て記録しておきましょう。

――警察には、どのような時間帯に相談をするのがよいですか？――
――夜間だから、昼間に出直してほしいと言われました――

緊急性があるときは、時間帯を気にする必要は全くありませんが（例えば『生命、身体、財産に緊急の危険が生じている』などのときは、躊躇《ちゅうちょ》せず１１０番通報をすべきです）、しばらく切迫した事態にはならない、時間を割いてじっくり話を聴いてほしい、直ちにパトカー等の臨場を求めるべき状況ではない……等々のときは（これは要は、夜間に救急車を呼ぶのか、それとも翌朝自分で病院に行くのかといった判断とまるで一緒ですが）、警察本部／警察署の開庁時間帯の方が、相談をする市民にとって有利です。

警察本部／警察署の開庁時間帯は、それぞれの都道府県警察によって違いがありますが、例えば他の役所同様、午前8時30分～午後5時15分等となっています。

では何故、そうした開庁時間帯の方が市民に有利かというと（重ねて、緊急性があるときは絶対に・直ちに１１０番通報をしてください）、開庁時間帯なら、〈総合窓口〉の警察官も〈処理部門〉の警察官も基本、在庁《ざいちょう》しているからです。通常の勤務時間帯だからです。

　言い換えれば、開庁時間帯以外は『時間外』となり、警察本部も警察署も〈当直体制〉に移行してしまいます。そして一般論として、警察本部の〈当直体制〉は脆弱《ぜいじゃく》あるいは必要最小限ですし、警察署の〈当直体制〉もまた、開庁時間帯に比べとても人的に限定されたものとなってしまいます。

　より具体的には、当直時間帯となると、〈総合窓口〉の警察官も〈処理部門〉の警察官も在庁していない可能性が高くなります。当直は、その日その日の指定メンバーで、チーム編制も開庁時間帯とはまるで違いますから、相談に適切に対応できる警察官が在庁しているかどうかは、実際上、運次第となってしまいます。警察署の〈当直体制〉は、警察署が交番レベルにまで縮小してしまったもの――と考えた方がよいです（体制が大きな警察署では、専門分野ごと別々の当直体制をとっていることがありますが、そしてその場合は〈処理部門〉の警察官が在庁している可能性がより高くなりますが、それを当然のものとして期待するのは危険です）。

　もちろん、『当直時間帯だから相談は受け付けない』などという不当な対応はあり得ません（そんなことは許されないという意味であり得ません）。しかし実際上、受け付けてもらったところで、相手方《あいてかた》が専門的な対応ができる警察官でなければ、結局の所は『翌朝など、専門の警察官がいるときにお訪ねいただいた方《ほう》がしっかり対応できますよ』『私達は泊まりの番で警察署を預かっているだけなので、必ずしも専門的な対応ができるわけではありませんよ』ということにもなってしまいます。それは不当だケシカラン——と怒ったところで、現実に人がいない状況はどうにもなりません。

よって、電話にしろ訪問にしろ、他の役所に対してするのと同様、基本的には開庁時間帯を選んだ方が有利ということになります。

なお、しつこいようですが緊急性があるときは全く別論ですし、緊急性があるときは如何《いか》に〈当直体制〉だからといって、直ちに（既に退庁してしまった）警察官が呼び出され／呼び返されることとなります。そこは危機管理官庁ゆえ、四の五の言わずに対応するはずです。

——すぐに対応するのは無理だと、追い返されました——

訪問による相談の場合と思われますが、例えば、訪れた警察署の管轄区域において大規模な事故が発生したとか、訪れた警察署がまさに緊急配備《きんきゅうはいび》を実施中でほとんどの警察官を動員しているとか、何らかの震災の被害を受け警察署としての機能が果たせていないとか、そうした特殊な場合を除き、明らかに不適正で、事によっては違法な対応です（今現在の相談対応システムを踏まえると、俄《にわか》に信じ難《がた》い時代錯誤な対応ですが……）。

とはいえ、「違法不当だケシカラン!!」と言ったところで、このような対応というかサボタージュをする警察官には馬耳東風《ばじとうふう》でしょうし、怒ったり詰《なじ》ったりするのも時間と唾液とカロリーの無駄です。

よって、その対応をした警察官に属人的《ぞくじんてき》な問題があると考えられるときは、警察署の〈総合窓口〉か警察本部の〈総合窓口〉に対する電話相談に切り換え、関わらないようにしましょう。そしてこれらの〈総合窓口〉が受付時間帯にあるとき——要は営業時間中——相談への対応や取り敢えずの事情聴取をサボるとは考えられません。

全ての担当警察官が相談対応中で、よって電話がつながらないとか長時間待たされるとか、あるいは後刻の架け直しを求められるとか、そうしたことは行政・民間を問わずあらゆる窓口に共通することですが、しかしいたずら等でないかぎり、〈総合窓口〉が全く話を聴かないというのは、今の相談対応システムからすれば想定できません。

なら、〈総合窓口〉が受付時間帯にないときはどうするか。

緊急の対応だ、と割り切れるのであれば110番通報をしましょう。110番通報は、〈総合窓口〉と違って24時間365日稼動《かどう》していますし、初動《しょどう》警察の範囲の対応なら（119頁参照）、絶対に、確実に行ってくれます。無視はあり得ません。

他方で、110番通報をするまでの状況ではない……と思われるなら、受付時間帯を待って〈総合窓口〉に架電すればすみますし、あるいは警察署に訪問の予約電話を入れた上、「昨日は緊急の対応があるとかで受け付けてもらえなかったので、今日はお願いします」「昨日、一度出向いて断られておりますが、とても困っていますので、今日は話を聴いてください」等と事情を説明しておきましょう。そして話を聴いてもらえる旨《むね》を確認し、相手方《あいてかた》の姓・所属・職名・折り返しの連絡先等を確実に控《ひか》えましょう。

――違う警察署に出直してほしいと言われました――

例えば「管轄警察署ではありませんので、管轄する○○警察署に御相談ください」と申し向けられたのなら、それは不適正です。一般に、事件の捜査は事件発生地を管轄する警察署が行いますが、そのことや、そもそも事件発生地を管轄する警察署がどこなのかは、市民にとって必ずしも明確ではありません（事案のタイプ・事案の複雑性によっては、どこが事件発生地なのか迷う事案もあるでしょう）。また例えば、連続して発生している事件の場合、被疑者が複数いる事件の場合、犯行が広域にわたる事件の場合等は、管轄警察署はますます明確でなくなります。そもそも理屈・制度として、相談は管轄警察署にしなければならない――というルールはありません。

しかしながら、ならば全国どの警察署を訪問しても同じ対応がなされるか、というと、それは常識論としてもあり得ないでしょう。実態論としてもそうではありません。

極論、鹿児島県で発生した事件について、青森県警察の警察署に相談をしても実際的な意味があるとは思えませんし（青森県警察としては、事情を聴き置いて引き継ぐしかないでしょう）、渋谷《しぶや》で発生した事件について、上野《うえの》警察署に相談をしても一般論としては同様です。俗な言い方をすれば、縄張りでない所で発生した事件については、発生地を縄張りとする警察署に適切な活動を委ねざるを得ません。

よって警察側の都合・心情としては、「結局の所、事案を引き継ぐことになり、市民にも警察にもコストが掛かるから、できることなら最初から管轄警察署に赴《おもむ》いてほしいなあ……」ということになります。少なくとも、「事件発生地を管轄する警察署か、被疑者居住地を管轄する警察署か、相談者がお住まいの地を管轄する警察署に赴いてほしいなあ……」ということになります。そうした何らかの関係性がないと、どのみち自分の警察署では適切な活動ができませんので。また実例として、世の中には、右の鹿児島↓青森といったように、まるで関係のない所へ相談に訪れる市民が数多《あまた》いますので（「何故ウチに来たの？」と思いたくなる、事件とも被害とも被疑者とも何の関係もない警察署に、ぶらりと訪れる方も少なくありません……）。

よって、同じ話を何度も訊かれるコスト、違う警察署に出直さなければならないコストを踏まえると、市民としては、できることなら（義務ではありません）、ネット等により事件発生地を管轄する警察署を調べるか、あるいはそれが明確に判断できないときは自分の居住地を管轄する警察署／被疑者が住んでいると思《おぼ》しき地を管轄する警察署／管轄にかかわらず御近所であって地域の実情を把握している警察署、あるいは、緊急の対応をとってもらいたい警察署等に、最初から出向くのが損がないと思われます（またそもそも、電話相談であれば管轄警察署や対応できる／対応すべき警察署を教えてくれるはずです）。

なお御家庭の実情によっては、『犯罪の被害に遭《あ》った家族が（時に複数家族が）別の都道府県に住んでいる』といったケースも自然ですが、そのときに関係先が複数都道府県警察にわたるのは、警察としても当然想定していますし、よって必要な連携システムも構築されています。したがって、取り敢えず『関係が深い』『アクセスがしやすい』都道府県警察に訴え出たとして、警察は嫌な顔はしません。無論、関係都道府県全てに通報・引継ぎをしてくれます。

しかしそうした複雑性は、必ず、事情聴取のとき速やかに説明しておくべきです。

――警察官とは、どんな場所で話すこととなりますか？――

電話の場合を別として、警察署等を訪問する場合を考えると、とても古い警察署なら別論、今の一般的な警察署は、相談者・被害者に対応するための専用の〈事情聴取室〉等を、しかも複数備えています。

そうした事情聴取室は、相談者・被害者の心情に配意して、『外から見えない』など安全やプライバシーが確保される構造になっているほか、『話がしやすい環境作り』のため照明・内装等に工夫が施されています。なお当然ながら、これは被疑者の〈取調べ室〉とかではありません。全く別の部屋です。

ただ、物理的に事情聴取室等が空いていないとか、相談の内容からしてよりフランクな場所でも大丈夫だと考えられるときは、『刑事課』等の担当さんのデスクの脇に椅子を置いて話をするとか、『刑事課』等に大抵置かれているパーテで仕切られたブースあるいは大抵併設《へいせつ》されている小さな個室で話をするとか、警察署廊下の待合席みたいな所で話をするとか、そうした状況も自然です。

「特にプライバシーに配意してほしい」「他の警察官にも話を聞かれたくない」などの要望があるときは——具体的な状況によって対応不可能なこともありますが——むろん対応する警察官にその場で／事前に遠慮なく申し出て大丈夫です（警察官は、できることはできる、できないことはできないと腹蔵《ふくぞう》なく言いますので）。

——電話で相談するのと直接訪問するのとどちらがよいですか?——

緊急通報の場合、110番ですから必ず電話となりますが、そうでない場合、電話にするか訪問にするかは、市民それぞれの判断でよく、どちらが有利不利ということは（一般論としては）ありません。喩《たと》えで言えば、税務署に相談をするのに電話を選ぶかどうか、銀行に相談をするのに電話を選ぶかどうか……といった判断・事情とほとんど変わりません。

そして電話を選んだ場合でも――通話料が掛かるのは負担になりますが――実際の例を見るに、必要ならば1時間でも2時間でも事情を聴くなどしてくれますし、相談を組織管理するための〈管理簿〉〈受理票〉も確実に整備されます。警察署に行くのは敷居《しきい》が高すぎるとか、仕事あるいはライフスタイルの事情から警察署に行くことが難しいとか、そういったときに電話を選ぶのはむしろ合理的です。ただしこの場合、先の〈当直体制〉の問題には注意すべきです。〈当直体制〉になると、電話対応も開庁時間帯のような訳にはゆかなくなるからです（〈総合窓口〉がそもそも閉まってしまう場合もあるでしょう）。

他方で、訪問することを選んだ場合は――交通費等が負担になりますが――〈総合窓口〉〈処理部門〉の専門的な警察官の面前で、互いの顔・表情を見るなどして、情報量の多いコミュニケーションをとることができます。警察官の側も、相手方が面前にいれば、その感情・雰《ふん》囲気《いき》といったものを直接把握することができ、例えば『どれだけ緊急性があるか』『どれだけ不安を感じているか』はたまた『どれだけ真剣／真摯《しんし》か』を、より実態に即した形で判断することができます。書面といった関係証拠があるとき、あるいは文章・図によって説明した方が早いときなども、直接物《もの》のやりとりが可能な訪問の方が、市民にとって有利でしょう。

いずれにしろ、それぞれ社会常識で考えられるメリット・デメリットを持ち、ゆえにどちらがよいかは一概には言えません。抵抗感、仕事、ライフスタイル、望む会話スタイル、携行物があるかどうか……等々で判断すればよいと思います（なお、電話による相談と訪問による相談で処理が異なるということはありません……『電話では今一《いまひと》つ解りませんので、御都合がよければ来署いただきたいと思いますが』となることはあり得ますが、その場合であっても、電話の時点で相談としての適正な処理がスタートしていることに変わりはありません）。

――相談に予約は必要ですか？――

電話の場合、連絡開始＝相談開始なので、予約ということを意識する必要はないです。成程《なるほど》、「今《いま》全ての担当が相談に対応してしまっていますので、30分後にお架け直しください」といった結果となることも想定されますが（ものすごい件数がありますので……）、それは行政・民間を問わずあらゆる電話窓口において生じる現象でしょうし、だから『電話を架けるためにアポの電話をする』というのも非合理で時に無意味です。電話の場合、市民が諦めずにアクセスを試みるかぎり、最終的に『誰も対応しない』『誰にも繋《つな》がらない』ということはあり得ませんので、予約云々《うんぬん》よりとにかく架け続けることになりましょうし、それは県庁だろうと市役所だろうと保健所だろうと税務署だろうと変わらないでしょう。なお、例えば警察署の代表番号が延々《えんえん》と話し中で繋《つな》がらない、などということはシステム上想定できません。危機管理官庁だからです。

他方で訪問の場合、思い立ってすぐ直接訪問するか、それとも念入りにアポの電話を入れるかは考え所です。『緊急性があるときアポの電話なんて言っていられない』というのを当然の前提とした上で、そうでなく、若干の余裕があるときどうすべきかは……確たる希望がなければ、取り敢えず〈総合窓口〉に電話をして、どのようにするのがよいかアドバイスをもらうのがよいでしょう。

さかしまに、どうしても直接訪問して警察官と面前でやりとりしたいという確たる希望があるのなら――1時間待っても3時間待っても構わないというなら別論――赴《おもむ》きたい警察署の〈総合窓口〉に架電して、警察署を訪問して相談したい旨《むね》と、自分の希望時間とを伝え、諸々《もろもろ》の調整をしてもらった方がよいと思います。

無論、飛び込みのお客様とアポのあるお客様とで、相談への対応や警察活動の内容が変わるなどということはあり得ませんが……しかし例えば病院について考えてみても、飛び込み・予約ナシで初診を受けようとすれば、朝イチで出掛けても受診は昼前、なんてことになるでしょう。実際、それだけの患者さんが列を成しているからです。このような事情は警察署でも大差ありません。「すぐに相談に対処する義務があるだろう!!」と抗議したところで、実際に対応できる警察官がいないのならカロリー等の無駄遣いです。

無論この喩《たと》えで言えば、救急車で搬送された上《うえ》すぐさま救命措置を必要とするようなときは、予約だの順番だのそんなもの無関係に対応してもらえるでしょうが……そうでないときは、時間を無駄にせずまた相談の質を高めるためにも、まずは警察署に架電し、自分の希望を伝えるべきだと思います。

なお、かつては例えば『刑事課』に直接回される、『刑事課』と直接話をしてアポを取る、といったケースも自然でしたが――そして今現在も否定されるべきものではありませんが――それはむしろ市民にとって不便な性格も持ちます。これは要するに『予約先はどこか？』の問題ですが、詳しくは次項で示します。

――相談すべき部門とか課とかは、自分で調べておくべきでしょうか？――

その必要はありません。

成程《なるほど》、この御時世《ごじせい》、『警察本部のどの課がどんな仕事を担当しているか』は検索すれば分かりますし、だから同じような組織を作っている『警察署のどの課がどんな仕事を担当しているか』も分かります。ネットの情報には真偽がありますが、どの都道府県警察でも、そのような秘密でも何でもないことは自分自身で公表しています。

しかしながら、第2章で述べたように（86頁参照）、具体的な〈犯罪〉について検討することも、それに対して行使できる〈権限〉について検討することも、極めて法律的・専門的なタスクであって、市民がカンタンにできることではありません。すなわち、自分が困っている〈犯罪〉は本当に犯罪になるのか、なるとしてどこの課が対応してくれるのか、どんな〈権限〉で対応してくれるのか……等々は、まさか市民が正確に判断できることではありませんし、市民にそんな義務はありませんし、言葉はともかく『生兵法《なまびょうほう》は大怪我のもと』となり、結果として今後の市民の希望や警察の活動を誤った方向に誘導してしまうおそれすらあります。

まして現在では、警察本部にも警察署にも〈総合窓口〉が必ず設置されているのですから、何も自分で「これは傷害だから、刑事課だな」「これはストーカー行為だから、生活安全課だな」「あれ、薬物犯罪は刑事課だろうか、生活安全課だろうか……？」等と悩む必要がありません。そうした〈処理部門〉をプロとしてキチンと判断し、プロとしてキチンと引き継ぐのが一括窓口である〈総合窓口〉の義務です（相談通達。131頁参照）。

よって、市民が警察の担当課等を予習しておく必要は全くありません。

したがって、例えば訪問のアポを取ろうとするときも、担当課等を指定する必要は全くありません（重ねて、それがお互いの予断となって、以降の警察活動を誤導する可能性すらあります）。

なお、さかしまに、市民が担当課等を御指名の上、アポを取るなどして直接訪問するのは自由です。それを妨げる法令はありませんし、どのみち御指名を受けた担当課等も〈総合窓口〉に連絡しその判断を仰ぐ義務がありますから、結果は同じですが、自由です。

――相談には、どれくらいの時間が掛かりますか？――

民間のサポート窓口、お問い合わせ窓口等々と同様、千差《せんさ》万別《ばんべつ》な事案の性質によりますので、一概に言うのは困難です。ただ、いたずらなり、単なる手続の問い合わせなりでないのなら、トータルで30分以下ということはまずないでしょう。

ここで、〈総合窓口〉は具体的な『担当課』『担当さん』『担当刑事さん』に相談を振り分けるための必要最低限の事情聴取を行い、振り分け先の〈処理部門〉はいよいよ事件なのかそうでないのか、犯罪なのかそうでないのか……といった実質的な事情聴取を行います。これは既に見たとおりです。そしてこのことは、電話による相談であろうが、訪問による相談であろうが一緒です。

となると、いわば受付・ガイダンスの〈総合窓口〉ではさしたる時間は掛からないはずです。実際の運用例を見ると5分未満ということもあります。警察官にとって、どんな事案がどの部門の担当となるかは常識だからです。仮に複雑な事情があるとして、まさか1時間ということにはなりません。そんな『必要最低限』はありません。

しかしながら、いわば受付・ガイダンスが5分で終わったとしても、相談の本番は振り分け先の〈処理部門〉による対応です。そして受付・ガイダンスが短ければ短いほど、具体的な『担当課』『担当さん』『担当刑事さん』が確認すべき事項は多くなりますから、取り敢えず事案の概要を説明するだけでも、15分、30分……といった時間が必要でしょう。まして確認すべき事項は、まさか事案の概要だけではありません。担当さんが初診において具体的な症状・疾《しっ》患《かん》を判断するに当たっては——医師の問診や検査同様——様々な質疑応答等が必要です。経緯のある事案なら関係書類・関係写真があるかも知れませんし、相談者によっては諸々《もろもろ》の関係証拠を持参しているかも知れません。令和3年ならば、関係録音・関係動画が提出されることも自然でしょう。そんなこんなで、担当さんが訊きたいこと・知りたいことを確認し終え、じゃあどのように処理すべきか、診断を付けて取り敢えずの処方箋を出すまで、1時間、1時間半、2時間……があっという間に過ぎてしまうこともあります。

また、お互いのコミュニケーションそのものが日常会話のようにはゆきません。いざ警察に相談をしようとする市民は、犯罪の被害等に動揺し、不安になり、言葉に迷い、はたまた逆に興奮のため饒舌《じょうぜつ》になったりもしますので、そのようなときは右の1時間、1時間半、2時間……が更に長くなります。出席者が多いときも同様です（例えば3人連れというのはままありますし、皆さんそれぞれよくお話しになるものです）。

まして実際問題、相談者は『直ちに』問題が解決されることを望む傾向がありますから、言い方の良し悪しは別論、『より電話を切りたがらない』『より警察署を辞去したがらない』のは、一般に相談者の方《ほう》です。困っている側としては当然ですが。

したがって――統計的な根拠はまさかないのですが――①電話による相談にあっては少なくとも1時間強を、②訪問による相談にあっては午前中一杯あるいは午後一杯を、用意しあるいは見込んでおいた方《ほう》がよいと思います。要は、電話の場合は諸《しょ》企業のヘルプデスクなりサポートセンターなりに架電するとき要する時間を（結構掛かりますよね……）、訪問の場合は総合病院に出掛けて会計を終えるまでに要する時間を（滅茶苦茶掛かりますよね……）、それぞれ見込んでおいた方がよいと思います。

加えて、事態が切迫していて直ちに捜査書類を作成しなければならないとか、調書を取らなければならないとか、そうした具体的な捜査を始める展開になりますと、それらの警察活動だけで、別途2時間、3時間……を必要とすることがあります。

――どんな事件・どんな犯罪になるかは、あらかじめ勉強しておくべきですか？――

その必要はありませんし、それは無理ですし、そのような義務はありません。

重ねて、〈犯罪〉になるかどうか、なるとしてどのような〈犯罪〉になるかは、極めて法律的・専門的な検討を要する難しいタスクで、よって市民に可能なものではありませんし、その勉強をするというなら大学の法学部に入らなければならないでしょう。あらゆる疾患《しっかん》の患者が医学部に入って勉強する必要などないように、あらゆる犯罪の被害者等が自ら〈犯罪〉の勉強をする必要などありません。

どんな事件になるか。どんな犯罪になるか。それを判断するのは、警察官にとって最も重要で重大で本質的な仕事の1つです（『擬律《ぎりつ》判断』といいます）。よって、喩《たと》えて言うならば『初診においては医師の判断を待ちましょう』。この際、医師の判断や言葉遣いに解らない点があれば、率直に「解りません」「もう一度説明してください」「メモを取ってもよいですか？」と、専門家でない市民として飾らずに確認しましょう。プロがお客様に説明責任を果たすのは当然の義務だからです。

したがって、あらかじめの勉強をするというよりは、担当警察官との共同作業を通じ、「解らないところを確認する」「疑問を疑問のままにしない」「相互理解を一致させる」ことを目指しましょう。そうした姿勢は、担当警察官の対応が適正であっても不適正であっても、必ず役に立ちます。病院においても、真摯《しんし》に事態を受け止めている患者／家族は、熱心にメモを取り、また、熱心に医師とコミュニケーションをしていますよね。また真っ当な医師であればあるほど、真摯な質問等を喜ぶはずです。それは警察官も一緒です。

――こんなことを相談してよいのかと、迷うことがあるのですが――

前節のような「どんな事件になるのかなあ……？」という疑問でなく、「そもそも事件になるのかなあ……？」「こんなことを相談してもいいんだろうか？」との疑問をお持ちになるケースも、当然あろうかと思います。

例えば、いわゆる御近所《ごきんじょ》トラブル。騒音がとても気になるとか、ゴミの出し方がおかしいとか、ルールに違反してペットを飼っているとか、始終《しじゅう》嫌な臭いがするとか、駐車スペースを守らないとか。あるいは例えば、家族親族の問題。自筆の書き置きがある家人《かじん》の行方不明事案とか、何となく気になる点がある子供の交友関係とか、しばしば徘徊《はいかい》をする老親の介護方法とか、配偶者の意味も趣旨も分からない多額の銀行振込とか……

市民が、そうした私人どうしの、私生活上の諸々《もろもろ》について「とにかく不安で心配だけど」「そもそも事件になるのかなあ」「こんなことを相談してもいいんだろうか？」と疑問に思われるのは当然だと思います。市民は〈事件〉〈犯罪〉とそれ以外を区別する専門技能など有していませんし、それは全く当然で自然なことですから。

まして、①いわゆる〈民事〉＝私人の基本的な日常生活のルールや私人どうしの一般的な関係から生まれる諸々の出来事であっても、②例えばそこに〈刑事事件〉としての側面・部分があり、③よってそれに対処することが『警察の責務』に含まれるとき、警察は当然必要な措置をとるべきだ――という考え方は、既に詳しく見たとおりです（77頁参照）。

そうしますと、極めて理論的には、右に挙げたような場合であっても『全て警察に相談して、プロとしての判断をしてもらうのがよい』ということになりますが……

……ただ常識的に考えて、右に挙げたような場合であっても、それぞれの事案にはそれぞれの濃淡・強弱・大小があるはずです。例えば『ゴミ問題』であれば、『自治体のルールを守ってくれない』なるレベルもあれば、『積み上げたゴミの悪臭がひどい』なるレベルも、『ゴミをどんどんこっちに投げ入れてくる』なるレベルもあるでしょう（他にも濃淡様々なスタイルが想定されます）。レベルは実に様々です。そしてレベルが様々ということは、〈事件〉を含むかどうかの確率も様々だということですし、仮に事件を含むとして、それが〈悪質な事件〉となるか〈注意・説諭《せつゆ》するしかない事件〉となるかの確率も様々だということです（クリスマスに1度、中学生が乱痴気騒《らんちきさわ》ぎで騒音を出すのと、連日連夜社会人が『宅飲み』を開催して歌うわ踊るわ大騒ぎするのとでは、悪質性も処分の必要性も違うでしょう）。

――こうした問題は、実は私の近しい知人も現在進行形で体験していまして、例えば隣家《りんか》のガーデニングの葉なり茎《くき》なりが入り込んで来て庭に積み重なったり、水やりの際の撒水《さんすい》や泥水がどんどん流れ込んで来たり、はたまた、飼い犬の毛がたくさん舞い込んで来たり、ベランダで始終《しじゅう》飼い犬の臭いがしたりして、まあ、多かれ少なかれ悩んでいるとか。

当該《とうがい》知人としては、無論それらに違和感を持っていますし、隣家に対して一言《ひとこと》あります。

しかし、もしそれが私だとしたら……

私がそのことを『警察に相談する』かというと、否《いな》です。

このレベルでは、私は警察に相談しようとは思いません。それが適切な解決方法であるとも思えません。このレベルなら、①まずは当事者どうしでキチンと話し合うべきだと思いますし、②それが無理なら自治会・町内会・大家《おおや》さん・管理会社等々に相談すべきだと思いますし、③それも無理なら（事件と言うよりは市民生活一般を受け持っている）市町村役場の総合窓口か担当窓口に相談すべきだと思います。

そもそも当該《とうがい》知人が感じている『違和感』『一言』くらいのことは、たいていは隣家の人も当該《とうがい》知人に対して感じているでしょう。そこは向こう三軒両隣《さんげんりょうどなり》として『お互い様』。よって、いきなり警察というのは段取りが乱暴に過ぎますし、自分の力でできる限りのことを尽くしたとも思えません。要は『解決指向の段取り』とは私には思えません。むしろ突然の宣戦布告で、奇襲《きしゅう》です。

他方で。

　右の例に倣《なら》うと、いよいよ『意図的に枯葉を投棄してくる』『意図的に泥水をぶっ掛けてくる』『意図的に飼い犬を突進させてくる』レベルに至れば、私なら躊躇《ちゅうちょ》せず警察に相談します。事態によっては直ちに110番通報します。

　これを一般化すれば――

　私は、『自分・家族の生命・身体・財産が侵害され／侵害されようとしているとき』『自分・家族の生命・身体・財産に危難《きなん》が及び／及ぼうとしているとき』、迷わず警察に訴え出ます（無論、健康に対する侵害はこの『生命・身体』に対する侵害ですし、家のあらゆる施設・構造・設備、果ては自分の着衣等もこの『財産』です）。

　――ここで警察の責務（警察法第2条）を想起してください。それは『個人の生命・身体・財産の保護』＋『公共の安全と秩序の維持』でしたね。私は要はこれを判断基準にしています。そして警察が『動ける』のもこの範囲においてです。それも既述《きじゅつ》しました。

　また右では、他者から何らかの迷惑を受けている例を挙げましたが、警察に訴え出るべきは、何もそうした例に限られません。

　例えば家族親族が行方不明になるとか、子に問題ある交際が見られるとか、家族親族が徘徊する性癖《せいへき》を有するとか……これらは一般に他者からの迷惑ではありませんが、しかしこれらに対処することもまた、警察の責務となり得ます。というのも、警察の責務は『個人の生命・身体・財産の保護』だと規定されていますから。よって私なら、家族親族が『保護』されるべき事態であると判断できるときは――家族親族が『保護』されるべき生命・身体・財産の危難にさらされていると判断できるときは、躊躇《ちゆうちよ》せず警察に相談しますし、事態によっては直ちに110番するのも先と同様です。

……といって実際、具体的状況に応じて最善の方法は異なりますし（ゆえに私は、私なら、等と繰り返しました）、極論、消防署に住宅ローンの相談に行っても、税務署にワクチンの相談に行っても意味はありません。その意味で、「それは警察に行ってもなあ……」「まずは自分でできることから……」「それを担当している役所は別だし……」と思える問題はままあります。またギリギリ事案、グレーゾーン事案、針が左右にブレ続ける事案ほど――要はあからさまな緊急性・必要性のない事案ほど、相談する側も悩み、迷います。

そうした迷いに対し、私の右の判断基準がお役に立つかどうかは解りませんが、とまれ、①関係者の『いのちだいじに』『からだだいじに』を考えて必要だと思えるとき、はたまた、②事後的に大事《おおごと》になって「どうして警察に行かなかったんだ!?」「それは警察に行かない方の手落ちだよ……」との社会的批判を受けそうなときは、あらゆる意味で自分・家族を守るため、警察に話を持ってゆくべきと思います。そのときは、生命・身体・財産に対する侵害・危難、それも急いで解決する必要がある侵害・危難があることを、明確に、確実に伝えるべきでしょう。それが伝われば、御近所トラブルであろうと家族親族問題であろうと、それを警察が無下《むげ》にすることは――真っ当な警察官を想定すれば――ないでしょう。それが伝われば、真摯《しんし》に話を聴いてもらえるでしょう。

――相談では、どんな警察官が対応してくれますか？――

まず〈総合窓口〉では、第3章で見たとおり、管理部門である総《そう》・警務《けいむ》部門の警察官が、『誰による相談なのか』『概《おおむ》ねどんな内容の相談なのか』を聴取します（131頁参照）。これは、現業部門である生安《セイアン》・刑事・交通・警備のどの部門が事案を取り扱うべきか、その〈処理部門〉を判断するための、必要最低限の聴取です。よって、相談の一番最初の段階で対応してくれる警察官は、これからずっと事案を担当してくれる警察官というわけではなく、これからずっと事案を担当してくれる警察官を『決める』警察官です。

言い換えれば、相談の一番最初の段階で対応してくれる警察官は、事情聴取の訓練を受けている警察官、警察の各部門がやっていることに広く通じた警察官です。ですので、この警察官がその場で具体的な措置を講じてくれることは少ないでしょうが、しかしこの警察官は『相談慣れしていて』『割り振り慣れしている』警察官です。

よって市民も、〈総合窓口〉における一番最初の段階では、事件の具体的な詳細・被害の具体的な詳細を伝えるというよりは、『いったい何が起こったのか？』『警察に何を求めるのか？』に特化した、できるかぎりの物語・筋・概要を、

　何時《いつ》、何処《どこ》で、誰が、何を、何故、どのように、どうした

という、いわゆる5W1H1R――when/where/who/what/why/how/result――に沿って、できるかぎり簡潔に説明するよう努めたいところです。

　他方で、いよいよ〈処理部門〉＝『担当課』『担当さん』『担当刑事さん』が決まった段階においては、この警察官はこれからずっと事案を担当してくれる警察官、事件処理の訓練を受けている警察官ですから、物語・筋・概要の把握というよりは、詳細にわたる〈犯罪〉の判断、事件性の判断等が行われることとなります。

　要は、相談の初期段階では『広く浅い』相談のプロが、相談の処理段階では『狭く深い』事件のプロが対応する――という分業のイメージでとらえてください。

　なお、初期段階においても処理段階においても、実際に・現実にどのような警察官が対応するかは、警察署等の人事配置の事情によって千差万別《せんさばんべつ》です。老若男女、階級、経験その他諸々《もろもろ》が千差万別です。したがって、若い巡査を出してきたから甘く見られているとか、管理職の警部を出してきたから優遇されているとか、そうしたことは全くありません。

　ただ、相談内容・事件内容に応じ、例えば『性犯罪の被害に係る相談に、必要な訓練を受け

た女性警察官を投入する』『悪質商法の被害に係る相談に、特別法のプロである警察官を投入する』といった形で、相談者・被害者の心情に気を配ることは多々あります。よって市民の側も、希望があれば積極的に申し出るべきです。警察の体制には限界がありますから、必ず叶《かな》えられるとは限りませんが、そのような申出《もうしで》に気を悪くする警察官は存在しません。

――対応してくれる警察官は何人ですか？――

電話による相談の場合は（当然ながら）1人になりますが、その通話は複数警察官に共有されることがありますし、どのみち聴取内容・処理方針は記録され組織管理されます。

訪問による相談の場合は、まさか圧迫面接ではありませんので、1人又は2人でしょう。2人が出てくる場合、『事情聴取と記録とで仕事を分業している』ケースもあれば、『複数警察官に対応させて誤解・ミス・事故を防止しようとする』ケースもあります。また実態論として、刑事はペアで動く場合も多いので、他意なくその組合せのまま対応するケースもあります。

他方で、対応する警察官が1人だったとしても、それは個別具体の対応として自然で、まさか『相談を軽んじて1人しか使わない』『事態を甘く見て1人しか出してこない』とか、そういった底意《そこい》はありません。そもそも日本全国どの警察署も多忙ですし、公務員の増員などおいそれと認められるものではありませんから、どのセクションもギリギリの人員で運用されています。そうした警察署の具体的な情勢から、あるいは慢性的な体制の問題から、対応する警察官が1人になることも当然あります。相談件数自体、とても多いですし……しかしどのみち、聴取内容・処理方針が記録され組織管理されることには違いありません。すなわち第3章で見たように、最低でも副署長の、緊急の場合は警察署長の指揮が入ります。

なお、さかしまに市民が「警察官が2人掛かりだと緊張してしまうので、お1人にしてくれませんか？」等と申し出ることは全くの自由で、例えば自傷他害《じしょうたがい》のおそれが大きいなど特段の事情があるとき以外は、警察官の方《ほう》も応じてくれるはずです。相談しやすい環境、語りやすい雰囲気を作らなければ、結局の所、後々の仕事に影響があるからです。

――対応してくれた警察官は、きちんと上に報告してくれますか？――

例えば、警察署が受理した全ての相談は、誰が対応したかにかかわらず、管理のための番号を付され、全て一元的に〈管理簿〉によって把握・管理されます。同じく、警察署が受理した全ての相談は、この〈管理簿〉を用いて副署長に報告されることとなっています（相談通達。133頁等参照。以下同じ）。警察署によってはこれが『副署長』でなく『次長《じちょう》』となることがありますが、どのみち警視クラスの上級幹部に報告する義務が課されています。

まして、緊急の対応を要する相談を受理したときは、その受理の時点で、直ちに警察署長に報告して指揮を受けることが義務付けられています（当直時間帯においては『警察署長』でなく『当直責任者』『当直長』となりますが、その時点における警察署の指揮官の判断を仰がなければならないことに変わりはありません）。

これに加え、具体的な『担当さん』『担当刑事さん』が処理を開始したときは、当該《とうがい》『担当さん』に、1件1件〈受理票〉を作成し、警察署長に報告して指揮を受ける義務が課されます。具体的な処理状況についても同様で、警察署長指揮事項です。また『担当さん』は、少なくとも月に1度、処理が終わっていない相談のチェックを――自分の上司等でなく――警察署の管理部門の警察官によって受ける必要があります。

よって、システム上、対応した警察官が相談について上司に報告をしない――ということはあり得ないのですが、しかし実際上、ミスや不心得《ふこころえ》といったヒューマンエラーは想定されます。

ですので、もし例えば「自分の相談は、担当さん限りで握り潰《つぶ》されているのでは……」「自分の相談は、正しく処理されていないのでは……」と危惧《きぐ》されるときは、率直に担当さんに「上司の方《かた》はどのように言っておられますか？」と訊いて全く問題ありません（このとき、最初から『署長』だの『副署長』だの言うのは、制度論としては正しくても、「責任者を出せ!!」みたいなクレームと誤解されかねず、人間関係を損なうおそれがありますから、まずは右のような丸い言い方でよいと思います）。

そこで言《げん》を左右にされたり、あからさまな嘘を吐かれたりしたときは、いよいよ確認の具体性を上げ（こっちはちゃんと勉強して来ているんだぞという牽制《けんせい》を込め）、「〈管理簿〉の報告のとき、副署長さんは何と言っておられましたか？」「〈受理票〉の報告のとき、署長さんは何と言っておられましたか？」等々と確認しましょう。

そこで「いえ特に何も」「全て私に任されています」と言われてしまったときは——自分の相談に係る〈管理簿〉〈受理票〉の記載を、特に『相談概要』『相談の内容』『対応状況』『処理状況』等の記載を、実際に書面を出してもらって確認させてもらうとともに——自分の相談については秘密でも何でもないので隠される理由はありません——そこに何らかの問題があるときは、担当さんに明確に抗議して、記録化してもらいましょう。

それが拒否されるか、抗議に意味がないと思われるときは、要望を具体的にして（こういう対応をしてほしい、ここの記載は間違っている、この誤解を正してほしい、署長副署長まで報告してほしい等々）、ステップを踏んで、担当課の係長（警部補）〜担当課の課長代理（警部）〜担当課の課長（警部・警視）に取り次いでもらいましょう。

それも意味がないと思われるときについては、『抗議・苦情』に関する別項で示します。

――相談をしたのに、相談の日から長期間何の連絡もありません――

一般に『警察に受理してもらって、何らかの措置をしてもらうことが決まった』ケースだと思われますが……例えば相談が〈犯罪〉に係るものであるとき、そしていよいよ事件性があると認められたときは、被害届が受理され、それに基づく捜査が開始されます。

しかしながら、被害者から事情を聴いて調書を作成したり、被害者立会《たちあ》いの下実況見分《じっきょうけんぶん》を行ったり、目撃者その他の参考人から事情を聴取したり、関係者に係る基礎的な捜査を実施したり、あるいは事案によっては防犯カメラ捜査を実施したり……そうしたことにはそれなりの時間が掛かります。

具体的には、初期段階の捜査は日単位・週単位で終わるでしょうが、では中盤戦となって被疑者の割り出しをするとか、関係箇所にガサを打つとか、とうとう被疑者を逮捕するとか、そうしたことは……これは映画やドラマどおり、実際に被疑者を発見して行動確認するなどしなければ『物理的にできない』ことですし、被疑者が発見できるかどうかはまさに事案によりけりです。実は当初から分かっているときもあれば、月を跨《また》がずに割り出せることも、逆に年単位の時間を要することもあります。

このように、捜査は時に年単位の時間を要することがありますので、具体的な進捗《しんちょく》がなく、また担当さんも諸々《もろもろ》多忙であるときなど、悪意なく相談者への連絡を忘れがちです。というか時候《じこう》の挨拶《あいさつ》以外、相談者に報告すべき内容がないことがよくあります。

こうしたとき、担当さんには全く他意がないので、担当さんと話をしたい、現在の状況を確認したいと思ったときは、遠慮なく架電等してかまいません。大抵は進捗がなく申し訳ない旨《むね》、また連絡を怠《おこた》っていた旨詫《わ》びてくれるでしょう。悪意はありませんから。

……他方で、右のような『捜査に進捗がないので連絡がない』場合以外に、『実は何も警察活動をしていないので連絡しない』『実は相談を〈解決済み〉と位置付けているので連絡しない』という、市民としては危険な事態も生じ得ます。こうした場合、市民と警察の認識が食い違っていることが想定されます。市民としては〈未解決・継続〉なのに、警察としては〈解決済み・打ち切り〉としてしまっている、そんな食い違いです。そしてそうした食い違いが起こっていることは、市民の側で直ちに察知できることではありません。

よって、「○○ということをしてほしいとお願いしたのだけど、一向に連絡がない」といったときは、相談に対応した〈総合窓口〉か、具体的な〈担当さん〉に、急ぎ確認の電話をすべきです。その結果、「えっ、○○ということをしてほしいという相談だとは思いませんでした」ということが判明するケースは少なくありません。

このような食い違いは、市民としてはケシカランことですが……警察としては何の悪意もなく誤解している場合もあり、一概にサボタージュとは言い切れません。市民の側は具体的な警察活動に詳しくないので、具体的に「こうしてくれ」「ああしてくれ」と要望しづらい面もあり、すると警察としては「ハッキリした要望はないようだから、『何かあったらすぐ連絡してください』でいいだろう」と考えがちです。無論、そこで一歩突っ込んだ聴き取りが必要なのですが……とはいえ相談者自身も明確な要望を持っていないときがあり、例えば『2時間の人生相談』あるいは『茶飲み話』で終わってしまう相談も稀《まれ》ではありません。そうしたときの突っ込んだコミュニケーションは、警察／警察官も市民の税金で動いている以上、なかなか微妙で困難です。

とまれ、右のような食い違いがあると、再度事情を説明したり、あるいは警察署に赴《おもむ》く必要が生じるなど、市民に余計なコストが発生してしまいますが……しかしその責任追及をしたりそれに憤《いきどお》ったりしていても、具体的な問題解決にはつながりません。

より具体的に『何をしてほしいのか』『それは何故なのか』をハッキリ主張し、それを記録化してもらう必要があります。その記録内容、特に『処理状況』がキチンと未解決なり未処理なり継続になっているかは、必ず確認しましょう。

——用意しておくべき持ち物はありますか？——

電話による相談の場合は『持ち物』が想定できませんが（重要な電話ですから、近くに筆記具等を用意しておく必要はあるでしょう）、訪問による相談の場合は、取り敢えず、市役所に行くときと病院に行くとき、この両者の準備をしておけばよいと思います。

すなわち、市役所に——何らかの手続で——赴《おもむ》こうとするときは、やはり身分証（運転免許証、保険証、マイナンバーカード等）と印鑑が必要でしょう。警察では指印《しいん》でも大丈夫な場合が多いですが、好き嫌いも抵抗もあろうかと思いますので、事前に準備できるなら印鑑があれば便利です。身分証は常時携帯しておられる方《かた》も多いでしょうが、警察としては、『そもそも相談者の方《かた》はどこの誰？』ということを確認しないと話を始められませんので、必ず確認されるものと想定してください。

また、例えば病院に行って検査結果の説明を受けるなり、病気そのものの説明を受けるなり、手術方針の説明を受けるなり……そうした場面と結局は一緒だと考えれば、筆記具なり録音器具なりの準備も必要だと思います（なお録音については機微《きび》にわたる問題もあります。別項で示します）。

加えて、相談したい事案の性質によっては、①取り敢えず〈犯罪〉の証拠となると判断できる物件、②取り敢えず事案の概要が把握できる書類・図面等を——恐らくは担当警察官の指示があるでしょうが、そうでなくとも説明上便利であると判断できれば——持参すべきです。そうした証拠としては例えば、脅迫の手紙／電話録音であったり、誹謗中傷《ひぼうちゅうしょう》のビラであったり、医師による診断書であったり、関係者との写真であったり、何らかの契約書であったり、令和3年の今では何らかの動画であったりするでしょう。また、事案の概要が把握できる書類・図面とは、例えば悪質商法のパンフレットであったり、社内の組織図であったり、駐車場の見取り図であったり、はたまた自作の人間関係チャートだったりするでしょう。

ここで、「事件かどうか？」「犯罪かどうか？」は警察官が——担当さん・担当刑事さんが——プロとして判断することですが、その土台・基礎となる「どんな事実があったのか？」「どんな行為が行われたのか？」は、言葉を選ばなければ市民の側がプレゼンすることです。警察官も、市民を落ち着かせながら、あるいは勇気づけながら、協働者としてそのプレゼンを助けてくれるでしょうが……しかし最終的にプレゼンを完成させなければならないしそれができるのは、実際に事件・被害を実体験した市民だけです。

そのような意味で、『担当さんに解ってもらう』ための資料は、持ち物として持参すべきです（事前に電話で打ち合わせ等をしているのなら、その場で持ち物を訊いて確認しておくのもよいでしょう。専門家と市民の常識には、往々《おうおう》にしてギャップがありますから）。

——相談のとき、録音をしてもよいですか？——

実際上、電話による相談のとき、相談者が録音をしているかどうかは警察には分かりませんし、ゆえに警察としても「録音されている」ことを前提に対応していると思います。

他方で、警察署等を訪問して相談をするとき、一連の会話を録音することについては、若干の検討を要します。

法律論としては、警察庁舎にはいわゆる『庁舎管理権』が働きますから、例えば駅長が駅構内での物販《ぶっぱん》を禁止したり、大学の学長が大学構内での喫煙を禁止したりできるように、警察署長等が、警察庁舎内での（許可のない）録音を――行政法上合理的な範囲内で――制限することができます。またそうした制限は、大抵、〈○○県警察庁舎《ちょうしゃ》管理規程《きてい》〉という形で明文化され、一般に公表・周知されていますし、仮にそうした〈管理規程〉に明文の根拠がなくとも、行政法上合理的な範囲内なら、警察署長等は必要な『庁舎管理権』を口頭での警告等により行使することができ、それは全く適法です。

要するに、警察は、警察署等における録音を制限することができます。

しかしそのことと、具体的な相談場面において全ての録音が禁じられるかは別問題です。相談者が真剣であればあるほど、内容を真摯《しんし》に・確実に理解するなどのため、「録音しておきたい」「後でまた振り返って勉強したい」と考えるでしょう。事情によっては、「大事なことなので後々のために残しておきたい」と考えるでしょう。それは全く自然です。

以上を踏まえると――警察署等を訪問して相談するとき、一連の会話を「録音しておきたい」と考えるなら、まず『担当さん』『担当刑事さん』に率直に、「録音しておきたいんですが、よいでしょうか？」と相談してみるべきです。

率直な相談をお勧《すす》めするのは

①右の『庁舎管理権』についての判断が必要である

②警察庁舎においては、機微《きび》にわたる情報、無関係の人の個人情報、他の事案の捜査情報、秘密にわたる捜査手法の情報等々が（全く意図せずに）録音されてしまうおそれがある

③秘密録音は、相互の信頼関係を損ねコミュニケーションの質を下げるおそれがある

④相談者が全く意図しなくとも、何らかの事故で当該録音が公衆に流出してしまうおそれがある

⑤突然に、「じゃあこれから録音しますから」等と相談なくデバイスが出され録音が開始されると、対応している警察官としては「ああ、自分は信用されていないのか……」といった先入観を抱き、必要以上に身構えてしまうおそれがある

などの理由からです。

警察が録音に対して慎重な姿勢をとるのは、右のような具体的な理由を考えれば、あながち非合理とは言えません。

しかしながら、警察官が嘘を吐いておらず、また警察官の説明が適正であるとき、警察として録音を徹底的に拒む理由は……右の②④のような守秘義務にも関わってくる理由を除けば……ないのではないかと思われます。よって、具体的な場所・状況・内容によっては、アッサリOKとなることもあろうかと思われます。

ただいずれにしても、真剣な相談者が、警察官の説明内容を真摯《しんし》に・確実に理解したいと考えるなら――いささか古典的ですが――警察官の面前で徹底して／微《び》に入《い》り細《さい》を穿《うが》ち／懸命に／議事録を作成するくらいの精度と情報量で、警察官の説明内容を筆記すべきでしょう。録音と併用するかは別として、そのような行為で気を悪くする警察官は皆無《かいむ》ですし、むしろ能動的に筆記することにより、疑問や意見や反論も浮かび上がってきますから（そもそも『理解できていないことはメモを取れない』点も、筆記の大きなメリットです）。

――法律的な説明が難しく、理解できません――

相談通達が（127頁参照）『被害の不安に困り苦しむ人に応える警察の確立に努めること』と命じ、また告訴通達が（167頁参照）『被害に苦しみ犯人の処罰を求める国民にとって、警察は最後のよりどころ』と明言していることから、相談者・被害者の立場に立ち、真摯《しんし》で解りやすい説明に努めることは、既に警察の義務です。

他方で、既に述べたように、具体的に何が〈犯罪〉になるのか、具体的にどのような〈権限〉を行使できるのかは、警察官が専門知識を動員して判断しなければならない難しい問題で、それについての説明が法律的なものになるのは、事柄《ことがら》の性質上不可避《ふかひ》です。

とすれば、全ての警察官に求められるのは、『法律的な説明をどれだけ真摯で解りやすいものにするか？』という努力であり工夫です。裏から言えば、それは警察の側の義務なのですから、そのパートナーである相談者・被害者の側には、そうした努力・工夫を求める権利が――少なくとも正当性があります。

しかしながら、相談者・被害者が今《いま》困っている問題を『解決』するための『協働』において、警察官に対し「お前には丁寧《ていねい》な説明をする義務があるんだからもっとしっかりやれ」と一方的に働き掛けても、質の良いコミュニケーションは期待できませんし、だから問題解決の進展も期待できません。

よって相談者・被害者の側も、警察官の説明を懸命に筆記するなどして理解しようとする姿勢をとらなければならないでしょうし、そうした姿勢を通じて初めて「どこが解らないのか」「何が解らないのか」が理解できてきます。要は、完全に受け身の姿勢をとっているだけでは、解るものも解らないし、解るだけの下地《したじ》も作れないということです。

相手《あいて》方《かた》が警察官であれ医師であれ弁護士であれ、専門家とコミュニケーションしようとするときは、能動的に『しっかり聴く』『しっかり書く』『しっかりまとめる』『そして、しっかり確認する』という、当事者としての姿勢が必要になってきます。

そうした当事者の真剣な姿勢は、必ず相手方に伝わり、そこで初めて相手方も「もっと解ってほしい」「ちゃんと解ってほしい」「どうにか理解してほしい」という打ち返しの感情を感じることになります。それが、この場合は市民と警察官の協働・同盟関係、あるいは〈治療同盟〉につながってゆきます。

そのような関係を目指しながら、相談者・被害者の側が、警察官を質問攻めにしたり、必要な確認に例えば30分を掛けたり1時間を掛けたり、あるいは根拠となるものの写しを求めたりすることは、真っ当な警察官にとって、全く嫌なことではありません。

むしろ真っ当な警察官は、初期段階で市民の疑問・不安を解消しておくことが、結局は事案の迅速な処理につながり、よって結局は自分も得をすることを熟知しています。

きちんと聴く。理解する姿勢を示す。真剣なパートナーとして協働する。そうした上で、『疑問を疑問のままにしない』『解らないことは解らないとハッキリ言う』『何度も同じことを確認するのを恐れない』『なんとなく、で終わらせない』『知らないことを恥ずかしいと思わない』……といった当事者性を持つことが、専門的な事柄《ことがら》のコミュニケーションにおいては極めて重要です。警察官や警察署の雰囲気、あるいは専門用語の厳《いか》めしさに呑《の》まれず、例えば家族のガン手術の説明を受けるような必死さで警察官に食いつくべきです。重ねて、真っ当な警察官なら喜んで付き合ってくれます。

――被害届とか告訴とかは、こちらが事前に書面にして持ってゆくのでしょうか？――

それを否定する権限は警察にはありませんが、現実論として難しいと思われます。

したがって、どうしてもというなら別論、書面にして持ってゆく必要はありません。

そもそも相談の段階においては、「どんな事実があったのか？」「どんな行為が行われたのか？」についての事情聴取をし、時に事情聴取を重ね、市民と警察官が協働して物語・筋・事実を固め、そこで初めて具体的な〈犯罪〉についての検討をするという流れになります（緊急の対応が必要な場合を除きますが）。またこの〈犯罪〉についての検討は、極めて専門的なスキルを必要とするものだ、ということは既に述べました。

これを裏から言えば、相談以前の段階で、市民が〈犯罪〉についての検討をし、その具体的な〈犯罪〉についての被害届を提出したり告訴をしたりするのは、現実論として難しいということになります。

仮に何の〈犯罪〉に該当するかが極めて明確なケースであっても、被害届の様式の埋め方には幾許《いくばく》かのクセがありますし、まして告訴（告訴状）となると、クセがあるどころか専門用語を駆使した極めて人工的な／非日常的な文書としなければなりませんので、普通の市民が作成することはまず不可能です。初めて本格的な確定申告をするとか、初めて本格的な許可申請をするとか、そうした場合と同様、『懸命に勉強してあれこれ調べればどうにか形になるかも知れないが』『勉強や検索でどうにもならない専門的な難関が多く』『基本的には税理士、行政書士等の、少なくともアドバイスが必要』なケースです。この場合の専門家は弁護士ですが。

　よって、被害届・告訴については、警察官と協働して事実を詰めてゆく流れの中で、「被害届が出せるのかどうか」「告訴ができるのかどうか」確認する、それも警察官と打ち合わせながら確認する――という流れが、自然で無理がありません。

　なお最初から「どうしても被害届を出す」「どうしても告訴する」と考えるのは自由ですし、それは市民の権利とも言えますし、それを警察官に強く訴えることに何の問題もありませんが……ただしその場合も、その可否は警察官の、専門家としての確認と判断によります。仮に不可となったとして、その全てが警察官のサボタージュであり不適正事案であるとは言えません。

　加えて、「どうしても告訴する」と決意したときは、実際上、弁護士に告訴状を作成してもらい、弁護士に担当警察官とネゴシエーションしてもらうしかないでしょう。しかし既述《きじゅつ》のとおり、これは非常に難しい問題を胎《はら》むので（162頁以下参照）、弁護士といえど、告訴状を『一発OK』に持ち込むのはほとんど無理です。要は弁護士に頼んだときでさえ、それなりの時間と費用が掛かる上、成功の確証はありません。

――誰かと一緒に相談に行ってもよいものでしょうか？――

構いません。実際にも多くの例があります。

厳密に言えば、既に述べましたが、警察庁舎にはいわゆる『庁舎管理権』が働きますから、警察署長等が、警察庁舎に入庁できる者を――行政法上合理的な範囲内で――制限することもできます（だからキチンと受付をして入庁証等を借りなければなりません）。

しかしそれは一般論でして、ならより具体的に、相談に同伴しようとする人が入庁を断られるケースがあるかというと……端《はな》から警察の仕事を妨害しようとする意図が明確とかいうなら別論……そんなケースは滅多《めった》にありません。

実際にも、「1人では恐くて警察署になんか行けない」「1人では上手く説明できるかどうか不安」「そもそも当事者は2人です」といった場合は多いでしょうし、相談者のことを心配した親御さん・配偶者の方《かた》・恋人の方・親しい御友人等々が、付き添いを買って出る場合もあるでしょう。警察官としても、より正確な情報をより多く獲得すべく、相談しやすい環境／語りやすい雰囲気を作った方《ほう》が仕事上プラスになります。よって、そうした方々から相談者に同伴したい旨《むね》の要望があった場合、無下《むげ》に断る理由はありません。

しかしながら、相談の過程において「どうしても相談者さんだけと話をしたい」「どうしても相談者さんだけと意思確認したい」「相談者さんだけにしか明かせない事情・手法・情報等がある」「相談者さんだけが行うべき手続がある」といった状況は、警察の仕事において自然に発生します。別段、同伴者のことを邪魔に思っていなくとも、仕事の性質上「スミマセン、しばらく席を外していただけませんか？」「スミマセン、ここからは相談者さんと別室で仕事をします」という展開になることは全く自然です。重ねて、それは同伴者のことを信用していないからではありません。警察ではそういう性質の仕事が多い、というだけです。

そうした場合に警察官の指示に従っていただけるのなら、同伴者があっても文句を言う警察官はいないはずです。ただし、そもそも〈事件〉〈犯罪〉に係る機微《きび》な話をする以上、同席する同伴者にあっては、しっかりと身分証で身元確認をされる。これは当然です（庁舎に入庁する段階で確認されるでしょうが……）。

――弁護士に同伴してもらうのは効果的ですか？――

具体的状況によると思います。

まず、その弁護士が刑事事件に通じているかどうか。民事を専門にしている弁護士だと、その刑事事件や警察に関する知識経験は、極論、一般人とさほど変わらないなどという事態も想定されます。例えば、「上司を通じて会社の顧問弁護士に動いてもらうこととなったが、専門が知的財産だとかで、刑事事件についての有益なアドバイスはほとんどもらえなかった」というような話はよく聴きます。裏から言えば、実際の刑事裁判の経験を通じ、あるいは元々検察官であったとかで、『捜査手続や警察の在り方に詳しい』弁護士に頼ることができなければ、結果、無駄な費用負担が発生してしまうだけ……ということにもなりかねません（もっと言えば、そのような適切な弁護士であっても、警察の具体的な捜査手法とか、警察の具体的な組織・権限の在り方については、必ずしも充分な知識を有しているわけではありません。そもそも、秘密にわたる事項が多すぎるからです）。

次に、その弁護士とどれだけ打ち合わせをし、どれだけ目的を摺《す》り合わせているかが重要です。ただ『立ち会ってもらう』だけでは、精々《せいぜい》『担当警察官にプレッシャーを掛ける』『費用負担を厭《いと》わない姿勢を示して本気度を伝える』だけで終わりかねません。言い換えれば、どうしても被害届／告訴を受理してもらうとか、どうしても逮捕・捜索・保護・命令といった権限を行使してもらうとか、どうしても生命・身体の安全を確保するための措置を講じてもらうとか、そうした『具体的な計画』『具体的な目的』をハッキリさせて臨《のぞ》むなら――右に述べたような弁護士の選び方の問題はありますが――法令と交渉のプロである弁護士の同伴は効果的となり得ます。

なお、平均的な能力を有する警察官なら弁護士の同伴を『恐れる』『警戒する』ことはありませんが――しかし親御さん・配偶者の方《かた》・恋人の方・親しい御友人等々といった方《かた》の付き添いとはいささか性格を異《こと》にしますし、相談者1人に対してする説明と、それに同席する弁護士に対してする説明とでは、弁護士が法令と交渉のプロである以上、内容の難しさや用いる用語が当然変わってきます。前者の説明は解りやすさを優先しなければならないでしょうし、後者の説明は適正さを優先しなければならないでしょう。

そうしたことから、弁護士の同伴にあっては、その旨《むね》事前に警察に伝えておく方《ほう》が、『相談者にも優しく』『弁護士にも無駄足《むだあし》を踏ませない』準備等のため適切だと考えます（プロが来ると最初から分かっていれば、突っ込んだ説明もできる／してもよいと判断できますから）。

――被害についての怒り、といった感情を露《あら》わにしてもよいのでしょうか？――

事件事故の被害に遭《あ》った人間が、怒り、悲しみ、動揺、興奮……といった、時に激しい感情を感じるのは全く自然なことで、よって警察官にとっても自然なこと、警察官にとっては『慣れっこ』なことです。警察官が日々常に接しているのは、そうした異常な事態に直面した人々ばかりですから。

平均的な能力を有する警察官を想定すれば――一《いち》個人として同情と共感とを感じるでしょう

が——まさか相手《あい て》方《かた》の感情に呑み込まれたり、それによって動揺したり興奮したり、ということはありません。むしろ相手方の率直な感情によって、その真剣さ・真摯《しんし》さ、あるいは事態の危険性・切迫性を判断しようとするケースが多いでしょう。

よって、相談者の方《ほう》で無理に感情を抑え、冷静であるかのように振る舞う必要はありません。どこまでも現在の気持ちを自然に、率直に伝えるべきです。また警察官も、巡査の頃から事情聴取のスキルを積んでいますから、異常な事態に直面した人々から必要なポイントを訊き出すことにも『慣れっこ』です（まして警察署での事情聴取など、人生において滅多《めった》に発生するイベントではありませんから、そんなときに冷静でいられる方がおかしく、警察官はそのような事情も当然酌《く》んでくれます）。

ただし、事件事故の被害に対する『怒り』『激昂《げっこう》』の余り、直接対応している警察官とのやりとりのボルテージが上がり、あるいは攻撃的な心情が先に立って、事情聴取の雰囲気が悪くなったり、警察官とのコミュニケーションの質が悪くなるのは、真剣な相談者にとって損です。

そのような『怒り』『激昂』は時として、被害に対するものというより、対応している警察官に対するものに転化しがちなほか、ピリピリ・イライラした態度が、本来は協働者・同盟者である警察官の、受容や共感に悪影響を及ぼすこともあります。

まして、感情のやりとりに主眼が移ってしまうと、肝心《かんじん》の「いったい何が起こったのか？」

「警察に何を求めるのか?」という、お互いのスタートラインがまるで定まらない残念な事態にもなりかねません（警察官は一般論としてはせっかちで短気ですから、お互い興奮すると、相談そっちのけで不毛な応酬《おうしゅう》が展開されることも稀《まれ》ではありません……）。

したがって、感情を露《あら》わにすることに問題はありませんが、それによって事情聴取の目的や本題が混乱してしまうおそれがあるときは――重ねて、警察官はそうした事態に対処するスキルを積んではいますが――できるだけ注意して、『警察官と一緒に、目的を果たさなければならない』『警察官と一緒に、問題を解決しなければならない』『そのためには警察官に、必要な情報を充分提供してあげなければならない』ということを想起し直してください。またそれが無理なほど動揺・興奮していると感じられるときは、親御さん・配偶者の方《かた》・恋人の方・親しい御友人等々の付き添いを求めるべきでしょう。これを警察官の側から見ても、いわば『情報源』が複数人いれば、事情を聴く手法にも幅が出るほか、必要な事実を確認する精度・効率も上がるので、まさか無下《むげ》に拒否することはありません。

――担当警察官と、口論や感情的なやりとりになってしまいました――

実はよくあることです。

担当警察官の性格・個性にもよりますが、警察官は切《き》った張《は》ったの世界に生きていますので、売られた喧嘩《けんか》は言《い》い値《ね》で買うタイプが多く、些細《ささい》な感情の行き違い・些細な言葉のエスカレーションが、「小学生かよ……!!」と言いたくなるような、売り言葉に買い言葉の不毛な応酬《おうしゅう》に発展するケースはよくあります。

また、相談をする市民の立場にもよりますが、市民の主観としては「すぐ動いてほしい」「すぐ事件にしてほしい」と考えるのが一般なところ、警察としては既述《きじゅつ》のとおり、〈物語〉〈筋〉を把握する必要があるほか、〈犯罪〉〈権限〉についての専門的な検討をしなければならないため、市民が期待するスピードでは事態に対処できないことがままあります。これが市民にとってフラストレーションとなり、よって市民が意識するとしないとにかかわらず、だんだん担当警察官に対してボルテージが上がってくることも、ままあります。

市民と警察官とがそのような化学反応を起こすと、相談の本筋そっちのけで『お説教』『クレーム』が展開されてゆくことになりかねません。それは市民にとっても警察官にとっても損です。無論、プロである警察官の側にそうした事態を防ぐ責任があるのですが、実際にそうした事態が起こったとき、「お前が悪い」「いや悪くない」と議論するのもまた時間の無駄です。相談とは要は、『問題解決』への道筋を一緒につけることですから。

よって、担当警察官と口論になってしまった場合、そのことを客観的に認識できた時点で相談者の方《ほう》が『冷静で』『賢い』わけですから、「コイツを怒らせてもまるで意味がないよなあ……」「この人を上手く使わないと問題は解決できない」と、いったん事態を脇に置いて気持ちを切り換え、クールダウンして、口調を緩《ゆる》め、会話の速度を落としながら、「ちょっと本題から外れてしまいました、仕切り直しましょう」「お互い誤解があるみたいです、これまでの話を整理し直しましょう」等々と、こちらから不毛な応酬《おうしゅう》のシャットダウンを持ち掛けるべきです（このようなときも、付き添いの方《かた》がいると『ジャッジ』になってくれたり、『ムード』を変えてくれたりして有利です）。

ここで、相談の処理段階においては――要は『刑事課』等の『担当さん』が具体的に動く段階においては――気に入らない担当さんの『チェンジ』ということはまずできません（余《よ》程《ほど》相性が悪いとなると、警部といった管理職や、警部補といった係《シマ》の長が気を遣って担当換えを申し出てくれるかも知れませんが、しかしそれはまさに属人的《ぞくじんてき》な親切で、制度的な解決ではありませんし制度的な解決法はありません）。どんな警察署のどんな刑事も、日常的に何件もの事件を抱えていますから、いったん担当となった以上、担当として事案をまとめきる責任が発生しますし、他の刑事に引継ぎはしにくいし、仮に引継ぎができたところで、話も人間関係もまた振出しに戻ってしまいます。したがって、いったん『担当さん』が決まれば、人事異動でもないかぎり、それは事件の終局処理まで変わらないのが一般です。

すると、口論等により感情的な行き違いを抱えたままでいるのは、問題解決上損です。

言葉はともかく、問題解決のためのツールは『利用する』『有効活用する』ものです。よって担当さんというツールを『利用する』『有効活用する』際、お互いが協働者・同盟者であることを念頭に置き、具体的には「豚もおだてりゃ木に登る」「丸い卵も切りようで四角」「ナントカと鋏《はさみ》は使いよう」という気持ちで、戦術的に引くところは引きましょう。重ねて、下らない感情の応酬《おうしゅう》で本来の目的がどこかへ吹き飛んでしまうのは損です。

――相談についての抗議・苦情の申出《もうしで》は、どこにすればよいですか？――

抗議・苦情となると、既に担当警察官との信頼関係が崩れていると考えられます。

よって、警察署に相談をした場合を考えると――取り敢えずは、当該《とうがい》担当警察官の上司と話をしてみるべきだと思います。

ここで理論的なことを言えば、実際にあれこれ動いてくれる／動いてくれないのは担当警察官という個人ですが……警察は組織であり役所であり機関ですので、それはまさか担当警察官の個人プレイではありません。理論的に言えば、警察署の警察官の活動というのは、これすべて所属長《ショゾクチョウ》である警察署長の活動です。最終の責任者は警察署長（警視・警視正）であり、その部下職員はこれすべて法律的には警察署長の『手足』です。

よって、相談であろうと何であろうと、それに対する抗議・苦情となれば、最終的には警察署長に訴え出るのが筋で理屈ではありますが……

余程《よほど》の緊急性がある場合を別論として、例えば銀行の窓口でミスをされたから支店長を出せとか、郵便局の窓口でミスをされたから郵便局長を出せとか、そうしたことは、社会一般の常識論あるいはコミュニケーション論として唐突で乱暴でしょう。取り敢えずは窓口の責任者と話をすべきでしょうし、それでも駄目ならその上司、それでも駄目ならその上司……と、組織の階段をワンステップずつ上ってゆく中で、できれば実務者によって解決を図る。そうしたことは、警察についても全く同様です。

「責任者を出せ!!」は、感情やメンツの満足につながり得ても、実際の、実務的な問題解決には直結しません。というのも、仮に責任者が出て来て平謝りしたところで、その後の実務的な問題解決を委ねられるのは、やはり実働員・実務者だからです。そこで実働員・実務者がそっぽを向くようなことがあれば、それは『正義に反するケシカラン』ことですが、どれだけ正義を力説しても問題は解決されません。抗議・苦情やメンツを潰《つぶ》すことそれ自体が目的でないのなら、『どうすればメカニズムが正常に動くか?』『どこのボタンを押せばシステムは動くか?』を考えた方が、時間と体力の無駄がありません。

そこで、担当警察官に係る抗議・苦情を、どの上司にすればよいか、ですが——

担当警察官が巡査・巡査長・巡査部長であれば、直近に束《たば》ねの警部補（係長）がいますから、当該《とうがい》警部補さんと、担当警察官を外した形でサシで話してみるのがよいでしょう。ここで、担当警察官がまさに警部補であるのなら、直近に課長・課長代理たる警部がいますので、当該《とうがい》警部さんと、やはり余人《よじん》を交えない形でサシで話してみるのがよいでしょう。

無論、所詮《しょせん》は身内のことですので、話を公平に聴いてくれる保証はありませんが……とはいえ、〈警部補〉といえば実働警察官の最高階級者ですし、ゆえに『鬼軍曹《おにぐんそう》』として警部以上に実務に通じ部下に睨《にら》みを利《き》かせているものですし、巡査・巡査長・巡査部長の実際上の指揮官なので、この人を無視することは、筋論《すじろん》としても問題解決方策としても遠回りになります。また〈警部〉ともなれば、警察では管理職と位置付けられますから、一般的には、視野が広く経営能力もあり、また客観的です。管理職として責任を問われかねない事態を認知すれば、むしろ警部補より腰軽く動いてくれる可能性はあります。

さらに、これら警部補・警部に体捌《たいさば》きされるかガン無視されたら……

組織の階段を上ってゆくならやがては副署長（警視）、署長（警視・警視正）と話をしなければならないこととなり、そこまでゆけば事態は大事《おおごと》ですから――警察における警察署長の権威と権限は市民が想像する以上に絶大です――大抵は何らかのリアクションが期待できます。期待できますが……そのような権威と権限の問題がありますので、『警察署長にアポを取って会う』というのは、それ自体かなり実現困難なタスクです（それは例えば銀行の支店長でもそうでしょう)。他方で、副署長はむしろ事務方《じむかた》の束《たば》ね、庶務《しょむ》のラスボスという位置付けなので、署長よりは会ってくれやすいでしょうが……警部補・警部が取り次いでくれないとき、アクセスを保証する制度なんてものはありません。

そうしますと、事態は『警察署に抗議をしたいのに、誰も相手をしてくれない』『警察署に苦情の申出《もうしで》をしたいのに、誰も相手をしてくれない』ということになりますので、都道府県本社であるところの、警察本部に訴え出るしかありません。

この場合、そもそもこのような事態そのものが相談の対象とも考えられますから、相談一般同様、警察本部の〈総合窓口〉に訴え出るのもよいでしょうし、そうではなく苦情を担当する〈広聴《こうちょう》〉〈監察《かんさつ》〉といった警察本部のセクションに訴え出るのもよいでしょう(これらについては、電話番号が公開されている場合もあれば、代表番号の電話交換で取り次いでもらう場合もあります)。

警察本部は一般に、警察署を指導する立場にありますから、抗議・苦情に理由があると判断してもらえれば、警察署の活動は是正《ぜせい》されるはずです。ただ問題点としては、この場合、『警察署にも警察本部にも抗議を重ねてくる抗議マニア』などと受け取られかねませんし、警察文化には『いわれなき抗議は受けない』なる、いささか排他的で独善的ともなり得るスローガンがありますので……問題解決を指向するためには、抗議をするにしても、怒りよりは「とても困っている」「とても悩んでいる」側面を強く訴えるべきですし、できるだけ冷静に「何が問題だと思っていて」「どうしてほしいと思っているか」を具体的に伝えるべきです。また責任追及とか謝罪とかでなく、「一緒に解決するには、自分を含めた誰がどうするのがよいだろうか？」ということを相談するのがよいと思います。

それでも駄目なら……

……ただ一般社会でも、そう役所でも民間でも、『相手に電話を切られたら終わり』『後は泣き寝入りをするしかない』『もうアクセスの手段がない』『これ以上対応するつもりはありませんと言われた』という状況は幾らでも実在しますし、だからそれは警察だけの問題でもありません。

とすれば、そうならないために、そのような事態を避ける目的から逆算して、『どうやって話を聴いてもらうか』『どうやって打ち切りにさせないか』についての、感情に任せない組立てが必要になります。そのためには、親御さん・配偶者の方《かた》・恋人の方・親しい御友人等々といった、付き添いをしてくれるような信頼できる〈第三者の活用〉も一案でしょうし、費用を投入する覚悟をすれば〈弁護士の活用〉も一案でしょう。また、正義と道理の観点からはどうかと思いますが、町内会長さんとか、学校の校長先生とか、PTAの役員さんとか、地元の大地主さん・大手事業者さん・会社役員さんとかは、何らかの形で警察、時に警察署長とのパイプを持っていますから（協働場面が多いほか、関連団体の役職に就《つ》いてもらうので）、そうした〈バイパスの活用〉ができないか模索《もさく》してみるのも一案です。

なお警察法に、都道府県公安委員会に対する『苦情の申出』システムの規定がありますが（第79条）、これには標準的な処理期間の定めがないため――事柄《ことがら》の性質上やむを得ないのですが――このような場合における抗議・苦情のために活用するのは、あまり実際的ではありません。ただしこのシステムを使うと、内容がどのようなものになるかはともかく、必ず文書回答が得られますので、その点はメリットだと思われます。

ちなみに「警察が駄目なら検察だ!!」というのはまるで無意味です。現実論として、検察に警察に対する指揮権はありませんし、まさか警察を監督する機関でもありませんので、警察を動かそうとする目的のため、検察を使おうというのは時間と体力の無駄です。

――警察官の嘘はどうすれば見抜けますか？――

根拠を訊いてください。

具体的には、特にネガティヴな判断を告げられたとき、「どうしてですか？」「それは何故ですか？」「それは何によって決まっていますか？」「それは誰の判断ですか？」「具体的な資料を見せてください」「上司の方《かた》も同じ判断ですか？」等々と、根拠を訊いてください。

――警察官が、事件にならない、犯罪ではない、警察には何もできない、弁護士等に相談するしかない……といったネガティヴな判断をするとき、それが純然たるサボタージュでなければ、そこには必ず専門的な判断があり、だから警察組織としての根拠があります。

それはそうです。

例えば〈犯罪〉〈権限〉について見たとおり（86頁参照）、「犯罪になる」「権限を行使できる」というポジティヴな判断は要は、「要件1、要件2、要件3、要件4……を全部クリアする（クリアしそうだ）」という判断です。これを裏から言えば、「犯罪にならない」「権限を行使できない」というネガティヴな判断は要は、「必要な要件のうち、要件X、要件Yがどうしてもクリアできない（クリアできなさそうだ）」という判断です。

端的《たんてき》には、それがポジティヴな判断であれ、ネガティヴな判断であれ、警察官がそれを明言するからには、こうした専門的な判断を土台にした根拠があります。

だから例えば、その警察官が事案を真剣に検討してくれたのなら、「警察としては○○ということをしたいが、それはカンタンに言えばこの法律の、この部分をクリアできないから不可能なんです」「警察としてはこれは××罪だととらえたいが、それは噛《か》み砕《くだ》いて説明すればこの罰則の、この部分をクリアできないから不可能なんです」ということが、法律の専門家でない市民にも解りやすい形で説明できるはずです。自分自身がキチンと理解していさえすれば、噛み砕いて説明することも容易ですし、隠す必要もありませんから。

　また他方で、そのような法律的な問題でなくとも、例えば――

「警察にできることはありません」というネガティヴな判断であれば、物の道理として当然、「警察にできることはこれこれこういう理由でAの範囲のことに限られますが、御相談されている事案はこれこれこういう決まりでAの範囲には含まれませんので、残念ですが警察が動くことはできません」という判断に基づいているはずです。同様に例えば、「純然たる民事のことがらですので、警察では対応できません」というネガティヴな判断であれば、これまた物の道理として当然、「民事というのはこれこれこういうことでして、御相談されている事案はこれこれこういう理由でまさに民事ですから、残念ですが警察が動くことはできません」という判断に基づいているはずです。ここで、〈これこれこういう決まり〉〈これこれこういう理由〉〈これこれこういうこと〉が要は根拠です。またそうした根拠は、大抵が客観的な出典の示せるものです。ネット用語で、「ソースは？」というあれです。

　したがいまして、右に述べたような根拠を説明しない警察官、根拠を説明せずに断言する警察官は、言葉を選ばなければ駄目な警察官です。たとえ、万が一、その判断が結果として正しかったとしても、説明責任を果たしていないという意味で駄目な警察官です（喩《たと》えるなら、証明を全部素っ飛ばした数学の答案がたまたま正解だったに過ぎません）。また、たとえそのような態度が「難しい説明をしても市民を混乱させるだけだ」という親切心からのものであったとしても、「なら混乱させないようにできるだけ解りやすく伝えよう」という努力をしないという意味で、やっぱり駄目な警察官です。

よって、市民が真剣に「警察に動いてほしい」「事件にしてほしい」と望むのであれば、右のようなネガティヴな判断をされたとき、必ず理由・根拠を確認し、それを自ら記録し、解らないことは解るまで訊き、時に難しく専門的な説明も理解しようと努めるべきです。もしその場で理解不能であったとしても、親御さん・配偶者の方《かた》・恋人の方・親しい御友人等々といった第三者の協力を求め、あるいは、費用を投じて弁護士のいわばセカンドオピニオンを求めるべきです。どうしても「警察に動いてほしい」「事件にしてほしい」と望むのであれば、市民の側にも、事態を当事者として検討する努力とコストが必要です。

ただし、注意点として——

警察官に理由・根拠を訊くとき、喧嘩《けんか》腰《ごし》になったり詰問《きつもん》をしたり追及《ついきゅう》をしたりするのは避けるべきです。市民と警察は協働・同盟の関係にあり、一緒に『問題解決』を指向する立場にあるからです。だから理由・根拠は『問い糾《ただ》す』ものではなく『一緒に確認して、認識を共有する』ものです。

無論、相手の出方によっては激昂《げっこう》したくなるケースもあるでしょうが、相手を怒らせたり、相手と敵対的な雰囲気になってしまっては、問題解決上損です。したがって例えば「……とても困っているので、もう少しだけ解りやすく説明してください」「……どうにか一緒に解決したいので、難しい部分を確認させてください」「……家族にも説明しないといけませんので、もう一度嚙み砕いた形で理由を教えていただければ」等々と申し出ることにより、責めているのではない旨《むね》、クレームではない旨、解らないことを教えてほしいだけだという旨アピールしながら、上手いこと警察官の正義感・義俠心《ぎきょうしん》を刺激したいところです（結果、いよいよ箸《はし》にも棒《ぼう》にもかからない警察官と分かれば、抗議・苦情の別項で御説明した対応をとることとなるでしょうが……）。

とまれ、そうした市民の積極的な熱意・当事者としての熱意があるにもかかわらず、根拠を説明しない／できない警察官、理由を提示しない／できない警察官は、何らかの嘘を吐いている可能性が高いです。

加えて、説明内容が極めて不穏な警察官……「それはアレですから」「ああですからね」「そういうものなんで」「決まりですから」「そこはいろいろありまして」「私にはどうしようもないんですよね」「ま、できることがあれば考えてみます」「そんなことアタリマエでしょう」「あなたに説明する義務はありません」「嫌なら余所《よそ》へどうぞ」「そんなことをする必要がありませんので」等々と、仮に文字起こしをしてみればまるで訳の解らない／まるで意味の無い説明をする警察官も、何らかの嘘を吐いている可能性が高いです。

あとがき

あとがきとして、留意点を3点、申し述べます。

第1に、御紹介したツールについて。読者の方がそれを読まれたとき、「どれだけ制度を作っても、警察官が変わらなきゃまるで意味ないよ」「制度の話は建前《たてまえ》論、実際のところは全然違うよ」との感想を持たれることもあろうかと思います。そのとおりでしょう。私自身も同意します。制度を作ってハイ終わり、対処は完璧などと考えている者は、霞《かすみ》が関《せき》の官僚にもいやしません。問題は運用であり適用です。しかしそれは警察の問題ではありません。まさに市民自身の問題でもあります。市民自身が積極的に、市民のために用意された制度・ツール・武器を学び、市民の利益となるような運用・適用を試みてゆくこと。コストゼロの警察非難に留まることなく、手《て》間暇《まひま》・準備・思考といった所要《しょよう》のコストを投じて、警察の活用あるいは善用を図ること。それは納税者＝オーナーの権利であり義務です。まして「警察は動け!!」「警察を動かしたい!!」という確たる目的があるなら尚更《なおさら》です。本書の制度論はそのための『解決指向』のもので、よって『現実』『実際』『難点』にも能《あた》う限り言及しています。本書の制度論を建前論ととるか、武器使用マニュアルととるかは、挙《あ》げて読者の方次第《しだい》です。

第2に、目次とここを先に読まれた方に対して。目次にあるとおり、本書第4章のFAQには、最も本質的かつ重要な「事件でなければ動けませんと言われました、どうすればよいですか？」「被害届を受理してもらえませんどうすればよいですか？」「告訴を受理してもらえません、どうすればよいですか？」といった問いが掲げられていません。しかしこれは無論、本書がそれらの問いを避けたからではありません。それらの問いは最も本質的かつ重要ですので、第3章を全て用いて（更に第2章の一部も用いて）執拗《しつよう》かつ詳細なお答えを用意しています。そのお答えも、類書に比し、極めて実戦的かつ市民目線のものとなるよう心掛けました。この点、目次からは明確でないので、念《ねん》の為申《ためもう》し添《そ》えます。

第3に、これは現実の運用に関する論点のうち、特に実際上・実態上の留意点なのですが……警察の相談受理システムの歴史的慣行として、本書第3章で御紹介した〈処理部門〉は、実際の所〈生活安全部門〉に固定しがちです。当該《とうがい》慣行が生き残っている理由は、『相談係』なるカンバンを掲げたチームを常設しているのが、大抵は生活安全部門だけだからです。よって警察部内《ブナイ》においても「相談は何でも生安《セイアン》!!」と安易に決められがちです。この慣行が強い警察署では、読者の方が望む専門家・専門課につなげてもらえないリスクがあります。事案の内容、求める専門家を特に明確にするなどして御注意ください。

市民と警察の、解決指向の〈治療同盟〉が随所《ずいしょ》で機能することを祈念《きねん》してやみません。

著者略歴

古野まほろ《ふるのまほろ》

東京大学法学部卒業。リヨン第三大学法学部修士課程修了。学位授与機構より学士(文学)。警察庁I種警察官として警察署、警察本部、海外、警察庁等で勤務し、警察大学校主任教授にて退官。警察官僚として法学書等多数。作家として有栖川有栖・綾辻行人両氏に師事。小説多数。

幻冬舎新書 632

事件でなければ動けません
困った警察官のトリセツ

二〇二一年九月三十日　第一刷発行

著者　古野まほろ
発行人　志儀保博
編集人　小木田順子

発行所　株式会社　幻冬舎
〒一五一-〇〇五一　東京都渋谷区千駄ヶ谷四-九-七
電話　〇三-五四一一-六二一一(編集)
〇三-五四一一-六二二二(営業)
振替　〇〇一二〇-八-七六七六四三

ブックデザイン　鈴木成一デザイン室
印刷・製本所　株式会社　光邦

Printed in Japan　ISBN978-4-344-98634-3 C0295
ふ-17-3
幻冬舎ホームページアドレス https://www.gentosha.co.jp/
＊この本に関するご意見・ご感想をメールでお寄せいただく場合は、comment@gentosha.co.jp まで。